陈忠实：
我的心灵独白

陈忠实 著
邢小利 编

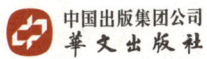

中国出版集团公司
华文出版社

第一章

白嘉轩后来引以为豪壮的是一生里娶过七房女人。娶头房媳妇时他刚刚过十六岁生日。那是西原上某家村大户某家的头生女,比他大两岁。他全完全无知完全慌乱中度过了新婚之夜,留下了永远羞于向人道及的可笑的慢样,而自己却难以忘记。一年后,这个女人死于难产。第二房娶的是南原庞家村殷实人家的奶干女儿。这女子又正好比他小两岁,模样俊秀眼睛忽灵儿。她完全不知道嫁人是怎么回事,而他此时已经谙熟男女之间所有的隐秘。他看着她的惊慌乱而查到自己第一次的模样反倒觉得更富刺激。当他哄哄着把臊子闪开而又

《白鹿原》第一章手稿

20 世纪 90 年代的陈忠实

《白鹿原》就是在这张小桌上写成的

目 录

001　从生活体验到生命体验（代序）

岁月　生命

21岁时照片

002　第一次投稿
009　晶莹的泪珠
018　汽笛·布鞋·红腰带
025　五十开始
040　六十岁说
044　原下的日子
053　生命之雨
061　三九的雨
066　白鹿回到白鹿原

生活 写作

中年时照片

- 070 我的秦腔记忆
- 077 自己卖书与自购盗本
- 094 何谓良师
- 112 何谓益友
- 128 人生九问
- 133 网上夜话
- 143 陷入与沉浸
- 155 借助巨人的肩膀
- 171 摧毁与新生
- 174 愿白鹿长驻此原

文学　思考

晚年时照片

180　别路遥

184　虽九死其犹未悔

192　文学的信念与理想

204　兴趣与体验

211　互相拥挤　志在天空

218　重新解读《家》，一个时代的标志

222　我说关中人

227　解读一种人生姿态

240　心灵独白

244　心灵剥离

247　编选后记

从生活体验到生命体验（代序）

过去大家谈生活体验的多，谈生命体验的少。我在生活、阅读和创作过程中，意识到生命体验对一个作家的创作极为重要。在昆德拉热遍中国文坛的时候，我读了米兰·昆德拉译成中文的全部作品。我把昆德拉的《玩笑》和《生命中不能承受之轻》对照阅读，发现这两部作品在题旨上有相近之处，然而作为小说写作，却呈现出截然不同的艺术气象。我从写作角度探寻其中奥秘，认为前者属于生活体验，后者已经进入生命体验的层面了。从生活体验进入到生命体验，对作家来说，如同生命形态蚕茧里的"蚕蛹"羽化成"飞蛾"，其中最为关键的是心灵和思想的自由，有了心灵和思想的自由，"蚕蛹"才能羽化成"飞蛾"。"生活体验"更多地指一种主体的外在的生活经验，"生命体验"则指生命内在的心理体验、情感体验以及思想升华。

意识到生命体验对作家创作的重要性，在我来说，有一个逐渐体悟的过程。

1985年11月份，我写成了8万字的中篇小说《蓝袍先生》。这部小说与我此前写的中短篇小说的主要区别，在于我由一直紧盯着乡村现实生活变化的眼睛，转移到1949年以前的原上乡村，神经也由紧绷的状态松弛下来，由对新的农业政策和乡村体制在农民世界引发的变化，开始转移到对人的心理和人的命运的思考，我自以为是一次思想的突破和创作的进步。

我这种创作焦点的转移，与我的生命体验和对社会历史的认识有关，也与上个世纪80年代中期文坛的创作动向和文学思潮有关。中国文坛当年出现的"寻根文学"创作及有关理论探讨，对我很有启示。但是我很快发现，"寻根文学"的走向是越"寻"越远，"寻"到深山老林荒蛮野人那里去了。我很失望，我认为，民族文化之根肯定不在那里，而应该到生活中人群最稠密的地方去"寻"民族之根。寻根的方向是对的，但不应该到远离人们当下生活的地方去寻，而应该到正在生活中的广大人群中去找。当时兴起的"文化心理结构"学说也给我以极为重要的影响，我甚至有一种茅塞顿开得天机的窃喜。我理解这种理论对于创作中人物描写的启示是，人的文化心理结构主要由接受并信奉不疑且坚持遵行的理念为柱梁，达到一种相对稳定乃至超稳定的平衡状态，人的文化心理结构决定着一个人的思想质地道德判断和行为选择，这是性格的内核。当他的文化心理结构受到社会多种事象的冲击，坚守或被颠覆，未能达到新的平衡，人就遭遇深层的痛苦，乃至毁灭。我自喜欢上文学创作，就知道现实主义至为神圣的创作目标，是塑造典型性格的人物。我从写第一篇小说就实践着典型性格人物的创作，短篇小说和中篇小说都在做着这种努力。我已经写过几十个短篇小说和七八部中篇小说，却没有一个人物能被读者记住，自然说不上典型了。我曾经想过，中国古代几部经典小说塑造的张飞、诸葛亮、曹操、贾宝玉、王熙凤、林黛玉、孙悟空、猪八戒等典型性格，把中国人的性格类型概括完了，很难再弄出新的典型性格来。我也想到新文学，仅就性格的典型性而言，大约只有阿Q和孔乙己。在接受了"文化心理结构"说之后，我觉得我获得了塑造《白鹿原》人物的新途径，我重新把正在酝酿着的几个重要人物从文化心理结构上再解析过滤一回，达到一种心理内质的准确把握，尤其是白嘉轩和朱先生，还有孝文和黑娃，他们坚守的生活理念和道德操守，面对社会种种冲击和家庭意料不及的变异，坚守或被颠覆，颠覆后的平衡和平衡后的再颠覆，其中的痛苦和欢乐，就是我要准确把脉的心灵流程的轨迹。甚至，为了实现从这条途径刻画人物的目的，我给自己规定了一条限制，不写人物的外貌肖像，看看能否达到写活人物的目的。

写作《白鹿原》之前，我在农村已经生活了四十多年，我相信我对乡村生活的熟悉和储存的故事，不差柳青多少。我以为差别的，是在对乡村社会生活的理解和开掘的深度上，还有艺术表现的能力上。柳青、王汶石这两位作家，是我的文学前辈，也是上个世纪五六十年代写农村题材获得全国声誉且影响甚大的两位作家。这两位作家对渭河平原乡村生活的描写，不仅在创作上，甚至在纯粹欣赏的诗意享受上，许多年来都让我沉醉。这两位作家对我整个创作的影响，几乎是潜意识的。我的早期小说，有人说过像柳青的风格，也有人说沾着王汶石的些许韵味。我想这是自然的，也是合理的，当年听到时还颇为欣慰。但是到了1985年，当我比较自觉地回顾包括检讨以往写作的时候，首先想到的就是必须摆脱柳青和王汶石。大树底下好乘凉，大树下也不长草。要"寻找属于自己的句子"，就需要一种脱胎换骨的剥离。1983年春夏之交，妻子儿女的户籍转入城市，我把村里原来分给妻子儿女的土地交回村委会，自己没有住进城市，反从原来供职的区文化馆所在的灞桥镇搬回地理位置甚为偏僻的老家。我想找一个清静甚至冷僻的环境，读书思考，尤其是需要冷下心来，回嚼我亲身经历的生活。白鹿原北坡根下祖居老屋这个写作环境的选择，无疑最适宜我的回嚼。我后来回忆原下老屋十年的写作生活，生出一个剥离的词，取代回嚼，觉得剥离一词似乎更切合我那十年的精神和心理过程。

自1985年秋天写作中篇小说《蓝袍先生》引发长篇小说创作欲念，到最后完成删减和具象，足足用了两年半时间。我把最后完成基本构思说成删减和具象，似乎更切合《白鹿原》构思过程中的特殊体验。两年多的时间里，除了读书、除了不去不行的会议、除了非做不可的家务以及不吐不快的少量写作，我的主要用心和精力都投入到我家屋后的白鹿原上，还有和白鹿原隔浐河可望的神禾原、少陵原、凤栖原和隔灞河可望的铜人原。我第一次把眼光投向白鹿原，预感到这原上有不尽的蕴藏值得去追寻。我在这个原上追寻了两年多。我曾经深切地感知到穿透这道太过沉重的原的软弱和平庸，深知这会直接制约体验的深浅，更会制约至关重要的独特体验的发生。我在反复回嚼这道原的过程中，尤其着意只属于我的独自体验的产生，得益于几本非文学书籍的认真阅读，我终于获得了可以抵达这部小说人物能够安身立命境地的途径，我也同时获得进行这次安身立命意义的长篇小说写作的自信，探究这道古原秘史的激情潮涌起来。自我感觉是完成了至关重要的一次突破，也是一种转折。此前是追寻和聚拢的过程，由真实的生活情节和细节诱发的想象产生的虚构，聚拢充塞在我的心中，取舍的犹疑难决和分寸的把握不定形成的焦灼，到这种突破和转折发生时发生了转折，开始进入删减过程。删减的过程完成得比较顺利，整个白鹿原很快删减到只具象为一个白嘉轩。

　　我首先面对的是白嘉轩。我的意识已经明确而又集中，解析不透把握不准这个人的文化心理结构形态，不仅影响其余所有人物的心理形态的把握，而且直接影响到业已意识到的这部长篇小说内容的进一步开掘。我在企图解析白嘉轩的文化心理结构而颇为困扰的时候，记不得哪一天早晨，眼前浮出了我从蓝田抄来的《乡约》。就在那一刻，竟然发生一种兴奋里的悸颤，这个《乡约》里的条文，不仅编织成白嘉轩的心理结构形态，也是截止到上世纪初，活在白鹿原这块土地上的人心理支撑的框架。小说《白鹿原》里的白嘉轩和地理概念上的白鹿原，大约就是在这时候融为一体了。解构透视出白嘉轩的文化心理结构形态，有一种豁然开朗的兴奋和痛快。白嘉轩和《白鹿原》里各个人物的种种冲突，顿然梳理明朗了；某些情节着墨的轻重，也很自然地显示出来了；不少此前酝酿过程中甚为得意的生动情节，此时发现游离在白嘉轩心理冲突之外，只好忍痛放弃了。我的意识很集中也就单纯到近乎简单，我要表述的《白鹿原》里的最后一位族长，依他坚守着的《乡约》所构建的心理结构和性格，面临着来自多种势力的挑战，经济实力相当却违背《乡约》精神的鹿子霖，是潜在的对手；依着叛逆天性的黑娃和依着生理本能基本要求的小娥，是白嘉轩的心理判断绝对不能容忍的；以新的思想自觉反判的兆鹏和他的女儿白灵，他却徒叹奈何，这是他那种心理结构所决定的强势，唯一难以呈现自信的对手；他倚重的白孝文的彻底堕落彻底逸出，对他伤害最重，却撞不乱他的心理秩序……这样，我获得了删减结果——白嘉轩就是白鹿原。一个人撑着一道原。白鹿原就是白嘉轩。一道原具象为一个人。

1986年到1987年构思《白鹿原》的两年里，新时期文艺的发展真可谓百花齐放。同这种五彩缤纷的文学景观不大协调的事却悄然出现，出书有点难了。作家们正忙着追求新的文学流派和别致的写作方式，不太留意出版业已经完成了一次体制改革，由政府支配的计划经济，改为商品运作的市场经济体制了。你写的小说得有人读，你出的书得有人买。这是我当时一个认识。这种心理压迫的直接效应，使我很快确定这部小说的规模。在构思的近两年时间里，就规模而言，虽然尚未完全确定，却一直偏重于写成上下两部。我已经酝酿着的较多的人物和他们较为复杂的人生故事，需得上下两部才能完成，每部30万到40万字。唯一犹豫未决的因素，是我的阅读习惯不喜欢多部规模的小说，这是长期形成的不大说得清道理的阅读习性。我既然有这样的阅读习性，自然也不想弄出上下部或多部这样规模的小说，却想到这部小说的内容和人物，一部很难装得下。当市场经济的无情而冷硬的杠子横到眼前的时候，我很快就做出决断，只写一部，不超过40万字。之所以能发生这种断然决定，主要是对这本书未来市场的考虑，如果有幸顺利出版，读者买一本比买两本会省一半钞票，销量当会好些。

  我便重新审视一个个业已酝酿着的人物，重新审视和取舍每个重要人物的每一个重大情节和细节。即使如此，我仍然觉得40万的字数很难装得下已经难以再做舍弃的内容。这样，我便把自己逼到语言方式这条途径上来。采用叙述语言，也几乎就在此时做出决断。在我的语言感受和意识里，仅就篇幅而言，叙述语言比之描写语言，是可以成倍节省字数和篇幅的。同样出于以往写作的语言感觉，叙述语言较之白描语言，难度也要大很多，尤其是一部几十万字的长篇小说，要做到通体不松懈更不露馅儿的形象化叙述，就我已不算少的文字实践的感受和理解，完全能估计到这是非同一般的难事。然而，我已经确定要用叙述语言来表述已经意识和体验到的那一段历史生活内容，或者说必须寻找到和那一段乡村历史生活内容最相称的语言方式，即叙述，而且必须是形象化的叙述。从我的写作实践看，尽管能充分感知这种叙述语言的难度，心头涨起的却是一种寻找新的语言形态的新感觉，甚至贴切地预感到这种叙述语言的成色，将直接影响乃至决定着内容呈现的成色。这次由小说规模引发的语言选择，很快就摆脱了最初为缩短小说篇幅，变为对这部小说语言形态这一严峻课题的思考与探索。

我是由描写语言开始小说写作的，生动和准确的描写成为那个时期的语言追求，这大约在我热衷短篇小说写作的时段。这个时候对语言似乎没有太明显的刻意追求，完全凭着对要写人物的某种感觉去写作，是一种含糊盲目的尽兴式写作，我对小说语言的自觉，发生在随后的中篇小说写作的时候，说来不单纯是语言自觉，而是由对小说创作新的理解引发的。我在中篇小说写作开始，意识到以人物结构小说，从此前的故事结构里摆脱出来。我发现一个很简单也很直白的问题，面对不同的写作对象，性格和心理形态差异很大的人物，很难用同一种色调的语言去写他们，包括他们各自不同的生活氛围和社会氛围，必须找到一种适宜表述不同人物的相应的语言形态。尤其是在写乡村知识分子的《蓝袍先生》和乡村农家院里两代人生活的《四妹子》，仅语言而言，差异是很大的。我自己回看这几部中篇小说，每一部都有相应的语言选择，各不相同。那个时候对语言的这种探索，也依赖着我的阅读感受，我发现，有的作家的主要作品，基本保持着一种语言结构形态和语言色调，形成一种固定的语言风格，读者不看署名就能感到这是谁的文字。另有一类作家的小说作品，语言差异很大，譬如鲁迅，《阿Q正传》和《祝福》的语言形态是截然不同的，还有《狂人日记》《药》《在酒楼上》，无论篇幅或大或小，每一部和每一篇都呈现着独有的语言形态。从纯粹的写作实践上来理解，我推想鲁迅肯定也面临过语言选择的事，用写阿Q的语言无法写祥林嫂，用写祥林嫂的语言也写不成酒楼上的男女。很显然，作家面临不同质地的写作对象，选择最恰当的语言形式，才可能把自己体验到的生活内容，完成一次最充分也最富有个性化的独特表述。

　　我这次对语言的探求，就是由描写语言向叙述语言过渡。对叙述语言的喜爱和倾倒，也是由阅读中充分感受其魅力而发生的。一句凝练的形象准确的叙述，如果换成白描语言把它展开描写，可能要用5到10倍乃至更多的篇幅才能完成，而其内在的纯粹的文字魅力却不存在了。再一点是叙述语言的内在张力和弹性，不仅是一个外在的语言形态，更是作家对他的人物的透彻理解和掌握，获得了一种言说和表达的自由，才可能有叙述的准确和形象，才能恣意纵横而不游离各个人物的气脉，也才能使作者的语言智慧得以展示，充分饱满而又不过不及，废话就不可能落到某个人物身上。我深切体会到叙述语言的难度，尤其很难用叙述语言从头至尾把一部几万字的小说写下来，总有几处露出描写的馅儿来。为了一种新的语言形态——形象化叙述——的追求,我写了几个短篇小说进行实验,为的是加深对这种语言的体会和把握。我又为纯粹的叙述里加入人物对话,意在把握对话的必要性,并对对话的内容再三斟酌和锤炼,以个性化的有内蕴的对话语言,给大段连接大段的叙述里增添一些变化,避免大段叙述语言阅读过程中可能产生的累。经过这些准备,我开始草拟《白鹿原》。因为《白鹿原》的人物和主要情节已经基本确定,草拟过程中的感觉挺不错,也是以叙述的形态展示着,主要把握着作者叙事主体的角度,形成叙述语言的架构和形态,尚不能顾及语言的细部,也顾不及字词的推敲。

草拟稿进行得超出预料的顺畅。到1989年元月,超过40万字的草拟稿完成了。1988年4月动笔,到次年元月完成,刨除暑期近两个月的停笔,实际写作时间只有8个月,这大约是我自专业创作以来写作量最大的一年,也是日出活量最高的一年。这年过了一个好春节,心头的鼓舞和踏实是前所未有的。

—— *岁月　生命* ——

第一次投稿

背着一周的粗粮馍馍，我从乡下跑到几十里远的城里去念书，一日三餐，都是开水泡馍，不见油星儿，顶奢侈的时候是买一点杂拌咸菜；穿衣自然更无从讲究了，从夏到冬，单棉衣裤以及鞋袜，全部出自母亲的双手，唯有冬来防寒的一顶单帽，是出自现代化纺织机械的棉布制品。在乡村读小学的时候，似乎于此并没有什么不大良好的感觉；现在面对穿着艳丽、别致的城市学生，我无法不"顾影自卑"。说实话，由此引起的心理压抑，甚至比难以下咽的粗粮以及单薄的棉衣遮御不住的寒冷更使我难以忍受。

在这种处处使人感到困窘的生活里，我却喜欢文学了；而喜欢文学，在一般同学的眼睛里，往往是被看作极浪漫的人的极富浪漫色彩的事。

新来了一位语文老师，姓车，刚刚从师范学院毕业。第一次作文课，他让学生们自拟题目，想写什么就写什么。这是我以前所未遇过的新鲜事。我喜欢文学，却讨厌作文。诸如《我的家庭》《寒假（或暑假）里有意义的一件事》这些题目，从小学作到中学，我是越作越烦了，越作越找不出"有意义的事"了。新来的车老师让我们想写什么就写什么，我有兴趣了，来劲了，就把过去写在小本上的两首诗翻出来，修改一番，抄到作文本上。我第一次感到了作文的兴趣，而不再是活受罪。

我萌生了企盼，企盼尽快发回作文本来，我自以为那两首诗是杰出的，会震一下的。我的作文从来没有受过老师的表彰，更没有被当作范文在全班宣读的机会。我企盼有这样的一次机会，而且正朝我走来了。

车老师抱着厚厚一摞作文本走上讲台，我的心无端地慌跳起来。然而四十五分钟过去，要宣读的范文都宣读过了，甚至连某个同学作文里一两句生动的句子也被摘引出来表扬了，那些令人发笑的错句病句以及因为一个错别字而致使语句含义全变的笑料也被点出来，终究没有提及我的那两首诗，我的心里寂寒起来。离下课只剩下几分钟时，作文本发到我的手中。我迫不及待地翻看了车老师用红墨水写下的评语，倒有不少好话，而末尾却悬下一句："以后要自己独立写作。"

我愈想愈觉得不是味儿，愈觉不是味儿愈不能忍受。况且，车老师没有给我的作文打分！我觉得受了屈辱。我拒绝了同桌以及其他同学伸手要交换作文的要求。好容易挨到下课，我拿着作文本赶到车老师的房子门口，喊了一声："报告——"

获准进屋后,我看见车老师正在木架上的脸盆里洗手。他偏过头问:"什么事?"

我扬起作文本:"我想问问,你给我的评语是什么意思?"

车老师扔下毛巾,坐在椅子上,点燃一支烟,说:"那意思很明白。"

我把作文本摊开在桌子上,指着评语末尾的那句话:"这'要自己独立写作'我不明白,请你解释一下。"

"那意思很明白,就是要自己独立写作。"

"那……这诗不是我写的?是抄别人的?"

"我没有这样说。"

"可你的评语这样子写了!"

他冷峻地瞅着我。冷峻的眼里有自以为是的得意,也有对我的轻蔑的嘲弄,更混含着被冒犯了的愠怒。他喷出一口烟,终于下定决心说:"也可以这么看。"

我急了:"凭什么说我抄别人的?"

他冷静地说:"不需要凭证。"

我气得说不出话……

他悠悠地抽着烟:"我不要凭证就可以这样说。你不可能写出这样的诗歌……"

于是,我突然想到我的粗布衣裤的丑笨,想到我和那些上不起伙的乡村学生围蹲在开水龙头旁时的窝囊,就凭这些瞧不起我吗?就凭这些判断我不能写出两首诗来吗?我失控了,一把从作文本上撕下那两首诗,再撕下他用红色墨水写下的评语。在要朝他摔出去的一刹那,我看见一双震怒得可怕的眼睛。我的心猛烈一颤,就把那些字纸用双手一揉,塞到衣袋里去了,然后一转身,不辞而别。

我躺在集体宿舍的床板上,属于我的那一绺床板是光的,没有褥子也没有床单,唯一不可或缺的是头下枕着的这一卷被子,晚上,我是铺一半再盖一半。我已经做好了接受开除的思想准备。这样受罪的念书生活还要再加上屈辱,我已不再留恋。

晚自习开始了,我摊开了书本和作业本,却做不出一道习题来,捏着笔,盯着桌面,我不知做这些习题还有什么用。由于这件事,期末我的操行等级降到了"乙"。

打这以后,在车老师的语文课上,我对于他的提问从不举手,他也不点我的名要我回答问题,校园里或校外碰见时,我就远远地避开。

又一次作文课,又一次自选作文。我写下一篇小说,名曰《桃园风波》,竟有三四千字,这是我平生写下的第一篇小说,取材于我们村子里果园入社时发生的一些事。随之又是作文评讲,车老师仍然没有提到我的作文,于好于劣都不曾提及,我心里的底火又死灰复燃。作文本发下来,揭到末尾的评语栏,连篇的好话竟然写下两页作文纸,最后的得分栏里,有一个神采飞扬的"5"字,在"5"字的右上方,又加了一个"+"号,这就是说,比满分还要满了!

既然有如此好的评语和"5^+"的高分,为什么评讲时不提我一句呢？他大约意识到小视"乡下人"的难堪了，我猜想，心里也就膨胀了愉悦和报复，这下该有凭证证明前头那场说不清的冤案了吧？

僵局继续着。

入冬后的第一场大雪是夜间降落的，校园里一片白。早操临时取消，改为扫雪，我们班清扫西边的篮球场，雪下竟是干燥的沙土。我正扫着，有人拍我的肩膀，一仰头，是车老师。他笑着。在我看来，他笑得很不自然。他说："跟我到语文教研室去一下。"我心里疑虑重重，又有什么麻烦了？

走出篮球场，车老师的一只胳膊搭到我肩上了，我的心猛地一震，慌得手足无措了。那只胳膊从我的右肩绕过脖颈，就搂住我的左肩。这样一个超级亲昵友好的举动，顿然冰释了我心头的疑虑，却更使我局促不安。

走进教研室的门，里面坐着两位老师，一男一女。车老师说："'二两壶''钱串子'来了。"两位老师看看我，哈哈笑了。我不知所以，脸上发烧。"二两壶"和"钱串子"是最近一次作文里我的又一篇小说的两个人物的绰号。我当时顶崇拜赵树理，他的小说的人物都有外号，极有趣，我总是记不住人物的名字而能记住外号。我也给我的人物用上外号了。

车老师从他的抽屉里取出我的作文本，告诉我，市里要搞中学生作文比赛，每个中学要选送两篇。本校已评选出两篇来，一篇是议论文，初三一位同学写的，另一篇就是我的作文《堤》了。

啊！真是大喜过望，我不知该说什么了。

"我已经把错别字改正了，有些句子也修改了。"车老师说，"你看看，修改得合适不合适？"说着又搂住我的肩头，搂得离他更近了，指着被他修改过的字句一一征询我的意见。我连忙点头，说修改得都很合适。其实，我连一句也没听清楚。

他说："你如果同意我的修改，就把它另外抄写一遍，周六以前交给我。"

我点点头，准备走了。

他又说："我想把这篇作品投给《延河》。你知道吗？《延河》杂志？我看你的字儿不太硬气，学习也忙，就由我来抄写投寄。"

我那时还不知道投稿，第一次听说了《延河》。多年以后，当我走进《延河》编辑部的大门深宅，以及在《延河》上发表作品的时候，我都情不自禁地想到过车老师曾为我抄写投寄的第一篇稿。

这天傍晚，住宿的同学有的活跃在操场上，有的遛大街去了，教室里只有三五个死贪学习的女生。我破例坐在书桌前，摊开了作文本和车老师送给我的一扎稿纸，心里怎么也稳定不下来。我感到愧悔，想哭，却又说不清是什么情绪。

第二天的语文课，车老师的课前提问一提出，我就举起了左手，为了我的可憎的狭隘而举起了忏悔的手，向车老师投诚……他一眼就看见了，欣喜地指定我回答。我站起来后，

初中毕业照。前排左一为陈忠实

却说不出话来，喉头哽塞了棉花似的。自动举手而又回答不出来，后排的同学哄笑起来。我窘急中又涌出眼泪来……

我上到初三时，转学了。暑假办理转学手续时，车老师探家尚未回校。后来，当我再探问车老师的所在时，只说早调回甘肃了。当我第一次在报刊上发表处女作的时候，我想到了车老师，应该寄一份报纸去，去慰藉被我冒犯过的那颗美好的心！当我的第一本小说集出版时，我在开着给朋友们赠书的名单时又想到车老师，终不得音讯，这债就依然拖欠着。

经过多少年的动乱，我的车老师不知尚在人间否？我却忘不了那淳厚的陇东口音……

1987年8月13日

晶莹的泪珠

我手里捏着一张休学申请书朝教务处走着。

我要求休学一年。我写了一张要求休学的申请书。我在把书面申请交给班主任的同时,又口头申述了休学的因由,发觉口头申述因为穷而休学的理由比书面申述更加难堪。好在班主任对我口头和书面申述的同一因由表示理解,没有经历太多的询问便在申请书下边空白的地方签写了"同意该生休学一年"的意见,自然也签上了他的名字和时间。他随之让我等一等,就拿着我写的申请书出门去了,回来时那申请书上就增加了校长的一行签字,比班主任的字签得少自然也更简洁,只有"同意"二字,连姓名也简洁到只有一个姓,名字略去了。班主任对我说:"你现在到教务处去办手续,开一张休学证书。"

我敲响了教务处的门板。获准以后便推开了门,一位年轻的女先生正伏在米黄色的办公桌上,手里提着长杆蘸水笔在一厚本表册上填写着什么,并不抬头。我知道开学报名时教务处最忙,忙就忙在许多要填写的各式表格上。我走到她的办公桌前鞠了一躬："老师，给我开一张休学证书。"然后就把那张签着班主任和校长姓名和他们意见的申请递放到桌子上。

她抬起头来，诧异地瞅了我一眼，拎起我的申请书来看着，长杆蘸水笔还夹在指缝之间。她很快看完了，又专注地把目光留滞在纸页下端班主任签写的一行意见和校长更为简洁的意见上面，似乎两个人连姓名在内的十来个字的意见批示，看去比我大半页的申请书还要费时更多。她终于抬起头来问：

"就是你写的这些理由吗？"

"就是的。"

"不休学不行吗？"

"不行。"

"亲戚全都帮不上忙吗？"

"亲戚……也都穷。"

"可是……你休学一年，家里的经济状况也不见得能改变，一年后你怎么能保证复学呢？"

于是我就信心十足地告诉她我父亲的精确安排计划：待到明年我哥哥初中毕业，父亲谋划着让他投考师范学校，师范生的学杂费和伙食费全由国家供给，据说还发三块钱零花钱。那时候我就可以复学接着念初中了。我拿父亲的话给她解释，企图消除她对我能否复学的疑虑："我伯伯说来，他只能供得住一个中学生；俺兄弟俩同时念中学，他供不住。"

我没有做更多的解释。我的爱面子的弱点早在此前已经形成。我不想再向任何人重复叙述我们家庭的困窘。父亲是个纯粹的农民，供着两个同时在中学念书的儿子。哥哥在距家四十多里远的县城中学，我在离家五十多里的西安一所新建的中学就读。在家里，我和哥哥可以合盖一条被子，破点旧点也关系不大。先是哥哥接着是我要离家到县城和省城的寄宿学校去念中学。每人就得有一套被褥行头，学费杂费伙食费和种种花销都空前增加了。实际上轮到我考上初中时已不再是考中秀才般的荣耀和喜庆，反而变成了一团浓厚的愁云忧雾笼罩在家室屋院的上空。我的行装已不能像哥哥那样有一套新被子新褥子和新床单，被简化到只能有一条旧被子卷成小卷儿背进城市里的学校。我的那一绺床板终日裸露着缝隙宽大的木质板面，晚上就把被子铺一半再盖上一半。我也不能像哥哥那样由父亲把一整袋面粉送交给学生灶，而只能是每周六回家来背一袋杂面馍馍到学校去，因为学校灶上的管理制度规定一律交麦子面，而我们家总是短缺麦子而苞谷面还算宽裕。这样的生活我并未意识到有什么不好，因为背馍上学的学生远远超过能搭得起灶的学生人数，每到三顿饭时，背馍的学生便在开水灶的一排供水龙头前排起五六列长队，把掰碎的各色馍块装进各自的大号搪瓷缸子里，用开水浸泡后，便三人一堆五人一伙围在乒乓球台的周围进餐，佐菜大都是花钱买的竹篓咸菜或家制的腌辣椒，说笑和争论的声浪甚至压倒了那些从灶房领取炒菜和热饭的"贵族阶层"。

这样的念书生活终于难以为继。父亲供给两个中学生的经济支柱，一是卖粮，一是卖树，而我印象最深的还是卖树。父亲自青年时就喜欢栽树，我们家四五块滩地地头的灌渠渠沿上，是纯一色的生长最快的小叶杨树，稠密到不足一步就是一棵，粗的可做檩条，细的能当椽子。父亲卖树早已打破了先大后小先粗后细的普通法则，一切都是随买家的需要而定，需要檩条就任其选择粗的，需要椽子就让他们砍伐细的。所得的票子全都经由哥哥和我的手交给了学校，或是换来书籍课本和作业本以及哥哥的菜票我的开水费。树卖掉后，父亲便迫不及待地刨挖树根，指头粗细的毛根也不轻易舍弃，把树根劈成小块晒干，然后装到两只大竹条笼里挑起来去赶集，卖给集镇上那些饭馆药铺或供销社单位。一百斤劈柴的最高时价为一点五元，得来的块把钱也都经由上述的相同渠道花掉了。直到滩地上的小叶杨树在短短的三四年间全部砍伐一空，地下的树根也掏挖干净，渠岸上留下一排新插的白杨枝条或手腕粗细的小树……

我上完初一第一学期，寒假回到家中便预感到要发生重要变故了。新年佳节弥漫在整个村巷里的喜庆气氛与我父亲眉宇间的那种根深蒂固的忧虑形成强烈的反差，直到大年初一刚刚过去的当天晚上，父亲便说出来谋划已久的决策："你得休一年学，一年。"他强调了一年这个时限。我没有感到太大的惊讶。在整个一个学期里，我渴盼星期六回家又惧怕星期六回家。我那年刚交十三岁，从未出过远门，而一旦出门便是五十多里远的陌生的城市，只有星期六才能回家一趟去背馍，且不要说一周里一天三顿开水泡馍所造成的对一碗面条的迫切渴望了。然而每个周六在吃罢一碗香喷喷的面条后便进入感情危机，我必须说出明天返校时要拿的钱数儿，一元班会费或五毛集体买理发工具的款项。我知道一根丈五长的椽子只能卖到一点五元钱,一丈长的椽子只有八角到一块的浮动区。我往往在提出要钱数目之前就折合出来这回要扛走父亲一根或两根椽子,或者是多少斤树根劈柴。我必须在周六晚上提前提出钱数,以便父亲可以从容地去借款。每当这时我就看见父亲顿时阴沉下来的脸色和眼神,同时,夹杂着短促的叹息。我便低了头或扭开脸不看父亲的脸。母亲的脸色同样忧愁,我似乎可以看;而父亲的脸眼一旦成了那种样子,我就不忍对看或者不敢对看。父亲生就的是一脸的豪壮气色,高眉骨大眼睛统直的高鼻梁和鼻翼两边很有力度的两道弯沟,忧愁蒙结在这样一张脸上似乎就不堪一睹……我曾经不止一次地产生过这样的念头,为什么一定要念中学呢?村子里不是有许多同龄伙伴没有考取初中仍然高高兴兴地给牛割草给灶里拾柴吗?我为什么要给父亲那张脸上周期性地制造忧愁呢?……父亲接着就讲述了他得让哥哥一年后投考师范的谋略,然后可以供我复学念初中了。他怕影响一家人过年的兴头儿,所以压在心里直到过了初一才说出来。我说:"休学。"父亲安慰我说:"休学一年不要紧,你年龄小。"我也不以为休学一年有多么严重,因为同班的五十多名男女同学中有不少人都结过婚,既有孩子的爸爸,也有做了妈妈的,这在五十年代初并不奇怪,解放后才获得上学机会的乡村青年不限年龄。我是班里年龄最小个头最矮的一个,坐位排在头一张课桌上。我轻松地说:"过一年个子长高了,我就不坐头排头一张桌子咧——上课扭得人脖子疼……"父亲依然无奈地说:

"钱的来路断咧！树卖完了——"

她放下夹在指缝间的木质长杆蘸水笔，合上一本很厚很长的登记簿，站起来说："你等等，我就来。"我就坐在一张椅子上等待，总是止不住她出去干什么的猜想。过了一阵儿她回来了，情绪有些亢奋也有点激动，一坐到她的椅子上就说："我去找校长了……"我明白了她的去处，似乎验证了我刚才的几种猜想中的一种，心里也怦然动了一下，她没有谈她找校长说了什么，也没有说校长给她说了什么。她现在双手扶在桌沿上低垂着眼，久久不说一句话。她轻轻舒了一口气，仰起头来时我就发现，亢奋的情绪已经隐退，温柔妩媚的气色渐渐回归到眼角和眉宇里来了，似乎有一缕淡淡的无能为力的无奈。

她又轻轻舒了口气，拉开抽屉取出一本公文本在桌子上翻开，从笔筒里抽出那支木杆蘸水笔，在墨水瓶里蘸上墨水后又停下手，问："你家里就再想不下办法了？"我看着那双滋浮着忧郁气色的眼睛，忽然联想到姐姐的眼神。这种眼神足以使任何被痛苦折磨着的心平静下来，足以使任何被痛苦折磨得心力交瘁的灵魂得到抚慰，足以使人沉静地忍受痛苦和劫难而不至于沉沦。我突然意识到因为我的休学致使她心情不好这个最简单的推理。而在校长、班主任和她中间，她恰好是最不应该产生这种心情的。她是教务处的一位年轻职员，平时就是在教务处做些抄抄写写的事，在黑板上写一些诸如打扫卫生的通知之类的事，我和她几乎没有说过话，甚至至今也记不住她的姓名。我便说："老师，没关系。休学一年没啥关系，我年龄小。"她说:"白白耽搁一年多可惜!"随之又换了一种口吻说:"我知道你的名字也认得你。每个班前三名的学生我都认识。"我的心情突然灰暗起来而没有再开口。

她终于落笔填写了公文函,取出公章在下方盖了,又在切割线上盖上一枚合缝印章,吱吱吱撕下并不交给我,放在桌子上,然后把我的休学申请书抹上糨糊后贴在公文存根上。她做完这一切才重新拿起休学证书交给我说:"装好。明年复学时拿着来找我。"我把那张硬质纸印制的休学证书折叠了两番装进口袋。她从桌子那边绕过来,又从我的口袋里掏出来塞进我的书包里,说:"明年这阵儿你一定要来复学。"

我向她深深地鞠了躬就走出门去。我听到背后咣当一声闭门的声音,同时也听到一声"等等"。她拢了拢齐肩的整齐的头发朝我走来,和我并排在廊檐下的台阶上走着,两只手插在外套的口袋里。走过一个又一个窗户,走过一个又一个教室的前门和后门,校园里和教室里出出进进着男女同学,有的忙着去注册去交费,有的已经抱着一摞摞新课本新作业本走进教室,还有从校门口刚刚进来的背着被卷馍袋的迟来者。我忽然心情很不好受,在争取得到了休学证后心劲松了吗?我很不愿意看见同班同学的熟悉的脸孔,便低了头匆匆走起来,凭感觉可以知道她也加快了脚步,几乎和我同时走出学校大门。

学校门口又拥来一拨偏远地区的学生,熟悉的同学便连连问我:"你来得早!报过名了吧?"我含糊地笑笑就走过了,想尽快远离正在迎接新学期的洋溢着欢跃气浪的学校大门。她又喊了一声"等等"。我停住脚步。她走过来拍了拍我的书包:"甭把休学证弄丢了。"我点点头。她这时才有一句安慰我的话:"我同意你的打算,休学一年不要紧,你年龄小。"

我抬头看她,猛然看见那双眼睫毛很长的眼眶里溢出泪水来,像雨雾中正在涨溢的湖水,泪珠在眼里打着旋儿,晶莹透亮。我瞬即垂下头避开目光。要是再在她的眼睛里多驻留一秒,我肯定就会号啕大哭。我低着头咬着嘴唇,脚下盲目地拨弄着一颗碎瓦片来抑制情绪,感觉到有一股热辣辣的酸流从鼻腔倒灌进喉咙里去。我后来的整个生命历程中发生过多少这种酸水倒流的事,而倒流的渠道却是从十四岁刚来到的这个生命年轮上第一次疏通的。第一次疏通的倒流的酸水的渠道肯定狭窄,承受不下那么多的酸水,因而还是有一小股从眼睛里冒出来,模糊了双眼,顺手就用袖头揩掉了。我终于仰起头鼓起劲儿说:"老师……我走咧……"

她的手轻轻搭上我的肩头:"记住,明年的今天来报到复学。"

我看见两滴晶莹的泪珠从眼睫毛上滑落下来,掉在脸鼻之间的谷地上,缓缓流过一段就在鼻翼两边挂住。我再一次虔诚地深深鞠躬,然后就转过身走掉了。

二十五年后,卖树卖树根(劈柴)供我念书的父亲在癌病弥留之际,对坐在他身边的我说:"我有一件事对不住你……"

我惊讶得不知所措。

"我不该让你休那一年学!"

我浑身战栗,久久无言。我像被一吨烈性"梯恩梯"炸成碎块细末儿飞向天空,又似乎跌入千年冰窖而冻僵四肢冻僵躯体也冻僵了心脏。在我高中毕业名落孙山回到乡村的无边无际的彷徨苦闷中,我曾经猴急似的怨天尤人:"全都倒霉在休那一年学……"我一九六二年毕业恰逢中国经济最困难的年月,高校招生任务大大缩小,我们班里剃了光头,四个班也仅仅只考取了一个个位数,而在上一年的毕业生里我们这所不属重点的学校也有百分之五十的学生考取了大学。我如果不是休学一年当是一九六一年毕业……父亲说:"错过一年……让你错过了二十年……而今你还算熬出点名堂了……"

我感觉到炸飞的碎块细末儿又归结成了原来的我,冻僵的四肢自如了冻僵的躯体灵便了冻僵的心又噔噔噔跳起来的时候,猛然想起休学出门时那位女老师溢满眼眶又流挂在鼻翼上的晶莹的泪珠儿。我对已经跨进黄泉路上半步的依然向我忏悔的父亲讲了那一串泪珠的经历,我称呼伯伯的父亲便安然合上了眼睛,喃喃地说:"可你……怎么……不早点给我……说这女先生哩……"

我今天终于把几近四十年前的这一段经历写出来的时候,对自己算是一种虔诚祈祷,当各种欲望膨胀成一股强大的浊流冲击所有大门窗户和每一个心扉的当今,我便企望自己如女老师那种泪珠的泪泉不致堵塞更不敢枯竭,那是滋养生命灵魂的泉源,也是滋润民族精神的泉源哦……

1993年11月22日于渭南

汽笛·布鞋·红腰带

一个年过五十的人，依然清晰地记得平生听到第一声火车汽笛时的情景。

他当时刚刚勒上了头一条红腰带。这是家乡人遇到本命年时避灾禳祸乞求平安福祉的吉祥物，无论男女无论长幼无论尊卑都要在本命年到来的头一天早晨穿裤子时勒上腰的。那是母亲用自纺的棉线四股合成一股，经过浆洗经过大红颜色的煮染再经过蜂蜡的打磨，然后把经线绷在两个膝盖之间织成的。早在母亲搓棉花捻子和纺线的时候就不断念叨："娃的本命年快到了，得织一条红腰带。"在标志着一年将尽的最后一个月份——腊月——到来之前，母亲已经织好了一条红腰带，只让他试着勒了一下就藏进木板柜里，直到大年三十晚上才取出来放到枕头旁边，叮嘱他天明起来换穿新衣新裤时结上那根红腰带。他那时只是为了那条鲜红的线织腰带感到新奇而激动不已，却不能意识到生命历程的第二个十二年将从明天早晨开始……

半年以后,他勒在腰里的红带已经变成紫黑色的了,鲜艳的红色被汗渍尿垢以及褪色的黑裤污染得失去了原本的颜色。他依旧勒着这条保命带走出了家乡小学所在的小镇,到三十里外的历史名镇灞桥去投考中学。领着他的是一位四十多岁的班主任老师,姓杜;和他一起去投考的有二十多个同学,这些小学同学中有的已经结婚,那是他们在新中国成立后才迟迟获得读书机会的缘故,他是他们当中年龄最小个头最矮的一个。

这是一次真正的人生之旅。

从小镇小学校后门走出来便踏上了公路。这是一条国道,西起西安沿着灞河川道再进入秦岭,在秦岭山岩中盘旋蜿蜒一直通到湖北省内。这是他第一次走出家门三公里以外的旅行。他昨夜激动惶惧得几乎不能成眠;他肩头挎着一只书包,包里装着课本、一支毛笔和一只墨盒,还有几个学生灶发给的混面馍馍,还有一块洗脸擦脸用的布巾,同样是母亲用织布机织下的手工布巾……口袋里却连一分钱也没有。

开始上路,他和老师、同学相跟着走,走出十多里路也不觉得累,同学们大都是来自小镇附近村庄,谁也没出过远门,兴致很高心劲十足一路说说笑笑叽叽嘎嘎。后来的悲剧是从脚下发生的。他感觉脚后跟有点疼,脱下鞋来看了看,鞋底磨透了,脚后跟上磨出红色的肉丝淌着血,血浆渗湿了鞋底和鞋帮。他首先诅咒的便是砂石铺垫的国道上的砂子,全然想不到母亲纳扎的布鞋鞋底经不住砂石的磨砺,随后才意识到是一双早已磨薄了的旧布鞋的鞋底。在他没有发现鞋破脚破之前还能撑持住往前走，而当他看到脚后跟上的血肉时便怯了，步子也慢了。

似乎不单是脚后跟上出了毛病，全身都变得困倦无力，双腿连往前挪一步的勇气都没有了，每一次抬脚举步都畏怯落地之后所产生的血肉之苦。他看见杜老师在向他招手。他听见同学在前头呼叫他。他流下眼泪来，觉得再也撵不上他们了。他企望能撞见一位熟人吆赶的马车，瞬间又悲哀地想到，自己其实原来就不认识任何一位车把式。

他看见杜老师和一位结过婚的小学生大同学倒追过来，立即擦干了眼泪。老师和大同学的关心鼓励丝毫也不能减轻脚下的痛楚和抬脚触地时引发的内心的畏怯。老师和大同学不能只等他一人而往前走了。他没有说明鞋底磨透脚跟磨烂的事，不是出于坚强而纯粹是因为爱面子，他怕那些能穿起耐磨的胶质球鞋的同学笑自己穷酸。这种爱面子的心理不知何时形成的，以至影响到他后来的全部生活历程，不愿意在任何人面前哭穷。老师和大同学临走时留给他的一句话是："往前走不敢停。慢点儿不要紧只是不敢停下。我们在前头等你。"

他已经看不见杜老师率领着的那支小小的赶考队伍了。他期望在路上捡到一块烂布包住脚后跟，终于没有发现哪怕是巴掌大的一块碎布而失望了。他从路边的杨树上捋下一把树叶塞进鞋窝儿，大约只舒服了两分钟走出不过十几米就结束了短暂的美好和幼稚。他终于下狠心从书包里摸出那块擦脸用的布巾，相当于课本的两倍大小，只能包住一只脚。洗脸擦脸已经不大重要了，撩起衣襟就可以代替布巾来使用。用布巾包住的一只脚不再直接遭受砂石的蹭磨而减轻了疼痛，况且可以使另一只脚踮起脚尖而避免脚后跟着地。他踮着一只脚尖就跛着往前赶，果然加快了行速。走过不知有多少路程，布巾很快又磨透了，他把布巾倒过来再包到脚上，直到那块布巾被踩磨得稀烂而毫无用处。他最后从书包里拿出了课本，先是算术，后是语文，一扎一扎撕下来塞进鞋窝……只要能走进考场，他自信可以不需要翻动它们就能考中；如果万一名落孙山，这些课本无论语文或是算术就都变成毫无用处的废物了。那些课本的纸张更经不住砂石的蹭磨，很快被踩踏成碎片从鞋窝里泛出来撒落到砂石国道上，像埋葬死人时沿路抛撒的纸钱。直到课本被撕光，他几乎完全绝望了，脚跟的疼痛逐渐加剧到每一抬足都会心惊肉跳，走进考场的最后一丝勇气终于断灭了。他站下随之又坐下来，等待有一挂回程的马车，即使陌生的车夫也要乞求。他对念中学似乎也没有太明晰的目标，回家去割草拾柴也未必不好……伟大的转机就在他完全崩溃刚刚坐下的时候发生了，他听到了一声火车汽笛的嘶鸣。

  他被震得从路边的土地上弹跳起来。他被惊吓得几乎又软瘫坐下。他的耳膜长久地处于一种无知觉的空白。他的胸腔随着铿锵铿锵的轮声起伏着颤栗着。他惊惧慌乱不知所措而茫然四顾，终于看见一股射向蓝天的白烟和一列呼啸奔驰过来的火车。他能辨识出火车凭借的是语文课本上的一幅拙劣的插图。这是他平生第一次看见火车。第一次听见火车汽笛的鸣叫。隐蔽在原坡皱褶里的家乡村庄，一年四季只有人声牛哞狗吠鸡鸣和鸟叫。列车从他眼前的原野上飞驰过去，绿色的车厢绿色的窗帘和白色的玻璃，启开的窗户晃过模糊的男人或女人的脸，还有一个把手伸出窗口的男孩的脸……直到火车消失在柳林丛中，直到柳树梢头的蓝烟渐渐淡化为乌有，直到远处传来不再那么震慑而显得悠扬的汽笛声响，他仍然无法理解火车以及坐在火车车厢里的人会是一种什么滋味儿？坐在飞驰的火车上透过敞开的窗口看见的田野会是怎样的情景？坐在火车上的人瞧见一个穿着磨透了鞋底磨烂了脚后跟的乡村娃子会是怎样的眼光？尤其是那个和他年纪相仿已经坐着火车旅行的男孩？

天哪！这世界上有那么多人坐着火车跑哩而根本不用双腿走路！他用双脚赶路却穿着一双磨穿了鞋底磨烂了脚后跟的布鞋一步一蹭血地踯躅！似乎有一股无形的神力从生命的那个象征部位腾起，穿过勒着红腰带的腹部冲进胸腔又冲上脑顶，他无端地愤怒了，一切朦胧的或明晰的感觉凝结成一句，不能永远穿着没后底的破布鞋走路……他把残留在鞋窝里的烂布绺烂树叶烂纸屑掏光倒净，咬着牙在砂石国道上重新举步，腿上有劲了，脚后跟也还在淌血还在疼，走过一阵儿竟然奇迹般地不疼了，似乎那越磨越烂得深的脚后跟不是属于他的，而是属于另一个怯弱者懦弱鬼王八蛋的……在离考场的学校还有一二里远的地方，他终于赶上了老师和同学，却依然不让他们看他惨不堪睹的两只脚后跟。

……

在那场历时十年的大浩劫发生时,他虽未被完全打翻却感到已经走到生命的尽头。那一年又正好是他勒上第二条红腰带开始第三轮十二年的时候。他被划进刘少奇路线而注定了政治生命的完结,他所钟情的文学在刚刚发出处女作便夭折了,家庭的灾难也接踵而至,不是祸不单行而是三面伏击四面楚歌。他步入社会尚无任何生活经验也无丝毫的防卫能力,很快便觉得进入绝境而看不出任何希望,不止一次于深夜走到一口水井边企图结束完全变成行尸走肉的自己。没有促成他纵身一投的缘由,便是他在那最后一刻听到了发自生命内部的那一声汽笛的鸣叫……

在他勒上第三条红腰带开始生命年轮的第四个十二年的时候,恰好又遭遇到一次重大的挫折。如果说上一次的遭遇与红腰带有无什么联系尚无意识,这一次就令他暗暗惊诧了,人类生命本身是否存在着一种神秘的周期性灾变?他不再以一个简单的无神论者的简单态度轻易去判断其有无了。这一次挫折纯粹是自作自受,不能怨天不能怨地更不能怨天下任何人,自己写下一篇对生活做出简单谬误判断的小说而声名狼藉。他曾想告别政坛也告别文学,重新回到学校做一名乡村教师,与农村孩子去交朋友。在那个人生重大抉择的重要关头,他不仅又一次听到了那声汽笛,而且想到了那双磨透了鞋底磨烂了脚跟的布鞋。有什么可畏惧的呢?本来就是穿着磨透鞋底的布鞋走进社会的,最终最糟失掉的大不了也就是又一双破烂布鞋……他走进图书馆,把莫泊桑和契诃夫的小说抱回住屋,昼夜与这两个欧洲人拥抱在一起。

他后来成为一个作家,但不是著名的,却终归算一个作家。这个作家已过"知天命"的年岁,回顾整个生命历程的时候,所有经过的欢乐已不再成为欢乐,所有经历的灾难挫折引起的痛苦也不再是痛苦,变成了只有自己可以理解的生命体验,剩下的还有一声储存于生命磁带上的汽笛鸣叫和一双破了鞋底的布鞋。

他想给进入花季刚刚勒上头一条或第二条红腰带的朋友致以祝贺,无论往后的生命历程中遇到怎样的挫折怎样的委屈怎样的龌龊,不要动摇也不必辩解,走你认定了的路吧!因为任何动摇包括辩解,都会耗费心力耗费时间耗费生命,不要耽搁了自己的行程。

1993年6月18日草于小寨　6月21日改定

五十开始

一

　　孙康宜教授到西安来,走出机场见着面时开口就感慨:哦!我去年给你说想到西安来,现在真的就来了!这种感慨随后在从机场开往西安的汽车上又重复说了两次,那神情是连她自己都有点不可置信的惊喜。孙教授是美国耶鲁大学东亚文学系主任,去年四月我在美国东部海岸城市波士顿结识她的。她确凿说过很想到西安来看看,我自然知道她这样的人想到西安来看什么。现在她真的来了,而且驱车行驶在暮色苍茫的咸阳古原上了,我也有某种难以信真的惊讶,甚而至于生出"地球真小"那种中国的地球公民们的伟人意识式的慨叹了。
　　汽车在气度恢宏地韵沉雄的咸阳原上疾驰,连片的果林和墨绿的禾苗背后,掩映着一个个或大或小或远或近却一律苍老衰败着的皇家墓冢,久远的辉煌和昔日的威仪,终究被历史的风雨剥蚀得精光,只剩下一堆堆荒草盘结的黄土圪垯。孙康宜教授从窗外收回眼光,突然问我:你不再把五十看作是一个危机的年龄了吧?我不觉一愣,想不到她还记着这个话题,随之也就释然:去年基本达成共识了嘛!她依然很直率又很认真地说:不知你回来以后有无反复?

这是一个有趣的话题。

去年四月在美国时,孙教授和北美华人作家协会联手在哈佛大学办了一次文学讲座,包括她和我在内共有四人演讲,每人一小时,我被排在头一个。我讲完规定的一个钟点,从讲台上走下来直接走出讲演大厅,站在校园的草坪上抽烟。美国的公众场合和绝大多数家庭都不许抽烟,想过过烟瘾就得走出户外。

我刚点烟吸了两口,有一位留学生从讲演厅溜出来走到我跟前,自我介绍之后就提出他想和我单独聊聊。我说我出来仅仅是想抽口烟,很快就要回讲演厅去,还想听听他们三人的讲演内容,想聊得另约时间。他就笑着告诉我:"孙教授正批判你哪。她上台开讲头一句就批。"我以为他开玩笑,并不在意。他更认真地说:"真的批哪!批你刚才讲的五十危机的观点。"这时又有几位男女留学生相继从讲演厅里溜出来,和我在草坪上交谈,也都通报我挨批的消息。抽完一支烟,我便走回讲演大厅,免得更多的人溜出来影响这个讲座。

讲演全部结束,走在绿茵茵的校园里,孙康宜严肃地对我说:"我刚才批判你一个观点了。"我说我已经知道了。她故做惊讶:"我批你时你不在场呀,怎么会知道?"随之又释然了,

"噢噢！有人给你告密了，这么快。"我也开玩笑说："听说美国人喜欢告密，谁家父母在家里打骂小孩，邻居知道了就要拨电话报警。这些中国留学生受美国人的影响了。"玩笑归玩笑，孙康宜接着认真地问："你怎么会有五十危机的感觉呢？我简直不可理解。我过五十岁时，整个感觉是我要重新开始了，我觉得过了五十才获得了完全的自由，可以做我想做的事了。"

她告诉我，她从台湾念书念到美国，博士帽戴上了教授也当上了，直到五十岁时，得到了耶鲁大学东亚文学系主任这样一个职位，这个奋斗历程谁都可以想见其中的艰难。正是在五十岁这个重要的年轮上，她有了一种全新的心理感觉，她不仅可以不再为生计忙迫了，而且可以不受别人的支配只按照自己的生存理想来支配自己了；孩子长大了，不再是家庭负累，而是可以获得情感交流和探讨社会的益助了；更重要的是知识的积累已形成了见解的独立，标志着一种成熟，自信能够发出只属于自己感知的声音了，所以在跨越五十年龄大关时，她说她的整个心理感觉是从未有过之好，整个是一种要有大作为的重新开始的良好心态……所以对我的五十危机论就"无法理解无法容忍不能不批"。

这是完全合理的，因此也完全可以理解的心态，尽管我并未询问她所经历的奋斗的全过程或者最关键的细节，却是以为任何成功者都必然兼备的先天的智慧和后天的艰苦卓绝的努力。谁都可以想到，在美国数一数二的耶鲁大学的东亚文学系的主任一职，不仅不可能靠裙带靠后门靠巴结谋权，稍微一点的平庸都是难以指望的。

然而，我的五十危机的谬论又是怎么一回事呢？我想说，我的那种心理感觉也是真实的。

二

五十危机的心理感受产生于四十五岁，即一九八七年，亦即我刚刚完成了长篇小说《白鹿原》的基本构思即将开笔起草的时候。按照当时的总体把握，我觉得大约需要三年时间才能完成它的创作，如果预计的这个规划实施顺利，如果这三年中间不发生写作本身以外的各种意外灾变，那么到完成书稿也就挂上五十的虚龄了，而这两个"如果"的可靠性在我感觉里连百分之五十都勉强。

想到此后将一年一年耗过去直熬到五十，心里便有点恐惧。

在我的习惯性意识里，五十是一个很大的年龄区标，是进入老年的生命区段的标志，面对一个五十多岁的老人，我就想到这是一位做了爷爷或奶奶的老汉老婆子。这不单是乡下人的习惯性年龄区段的划分标尺，似乎一些国家（中国除外）的共产党领袖公开祝贺生日就是从五十岁开始的，那么也在一定意义上可以看出作为生命的老年区段是有国际公例的。我自然就回顾起迷恋文学的坎坷，少小年纪在作文本上写下头一篇小说似乎只是昨天的故事，然而眨眼就要进入老年行列了；至今尚未写出一部起码让自己满意的作品，怎么就晃过了人生最富于创造活力的青壮年时期,而"一不留神"就会变成老头子了。正是早在此前一年的一九八六年春天,为了进一步了解关中的历史演变,我查阅了《蓝田县志》又赶赴长安县城,住在一家旅馆里继续翻阅厚可盈尺的《长安县志》,朋友李下叔晚上来陪我闲聊,以解除那些糟烂的古本浸淫到我肌骨里的幽微阴腐的气息。记得那晚喝了酒,酒酣言畅之际,他很真诚地说,按你的生活功底,写部长篇还下这么大的功夫,有这个必要吗?我也坦诚相告,下这个笨功夫不是心血来潮,而是已经

2010年,在蓝田县档案馆,查看《蓝田县志》

萌生了的那部长篇小说必须要做的功夫，我想了解我生活着感受着的这一块北方平原的昨天，或者说历史，因为我只能依赖着这些古本县志感知这块土地的昨天究竟发生过什么，我辈以前的父辈爷辈老老老爷辈们以怎样的形态生活着，近代以来剧烈的社会革命历程中，他们的心理秩序经历过怎样的被打乱被粉碎和怎样的重新安排的历程……谈到动情时，便有自信和自卑胶着着的悲凉，少小年纪迷恋文学，几十年过去了，发了为数不少的中短篇小说，奖也获了多次，但从真实的文学意义上来审视便心虚，因为连一部自己满意的作品还没有。我说，兄弟，想想已经晃过四十四了，万一身体发生不可救治的灾变，死时真的连一本给自己做枕头的书都没有。这是很真实的当时的心态，因为迷恋文学而不能移情的悲哀，从这一点上说来，是完全的内向内指的生存兴趣的悲哀，也是完全的个人生命意义的自私的悲哀。正是在这种纯粹的个人兴趣的自我指向的悲哀中，激起了为自己做一本真的要告别世界也告别生命兴趣时可以做枕头的书的自信。

直到完成《白》[①]书以后，我又有了属于自己的创作之外的人生体验，人不可以完全自卑，亦不可以完全自信；处于无法摆脱的自卑状态，是根本不可能进行任何创造性劳动的，这是极易被接受的普通的道理；而一个人（尤其是进行创造性劳动的人）如果永远处于自信状态而从来不发生自卑的心理，这

---

① 指《白鹿原》。——编者注

个人的创造智慧将不仅得不到最好的发挥，反而会受到损害，道理也很简单，没有一定的自卑就不会有自省，更不会有刻骨铭心的自我批判，因而就很难找准自己新的创造目标和新的创造的起点。自卑未必不好，只是不要一味地自卑；自信是所有创造理想的前提性心理准备，然而自信也必须是经由反省之后重新树立的新的蜕变之后的自信。

当我在自卑的深谷进行几乎是残酷的自我反省再到自信的重新铸成时，《白》的构思已经完成。更切近的对五十岁的感觉的危机，似乎还不在五十以后算不算老头老汉，而在于能否安全抵达五十。三年是一个不短的时间，春夏秋冬寒来暑往萌芽落叶的自然景象交替三次，所可设想的意外事件都可以不予计较，不予理会，包括生计都可以咬牙承受而不吱不声，唯一畏怯的是万一身体发生某种无计祈祷的灾变怎么办？不单是那时的新闻媒体连续报导了几位中年知识分子英年早逝的消息给我造成的心理阴影。平心想来，人的生命里的神秘莫测的灾变的发生只是个常识性的存在，不单是中年知识分子英年夭亡者众，工人农民职员等各种职业的中年人死亡的数字，只是无人认真统计罢了。而五十岁上下属于危险年龄区段，据说是国际医学界的"最新研究成果"，被各类报刊的生活版反复转抄，无论真假都会造成一种心理影响。

我的固执和我的愚蠢既使我受害匪浅，也使我得益匪浅，受害多了也就没有了——道来的兴致，得益就得在可以做到不会发生听见风声便是雨的轻信。然而，危机的心理却是确确实实由此时产生了。我毕竟经历过几十年的创作，几十年的中国当代文学的风雨；也经历过几十年的社会风雨，几十年的属于自己的经验和体验，生活的体验和生命的体验，都警示着某种意外的可能性。这种可能性不管对我，对从事任何职业有着任何兴趣和追求的每一个生命都潜存着，仅仅只是有幸与不幸的莫可猜测臆断的事情。每个人都在企盼幸运永驻同时也逃避不幸，然而不幸每日每时都降临到那些熟识的或陌生者的头上。我的危机甚至恐惧心态的产生，便是对那些业已发生的不幸的畏怯，因为我还没有做成不幸突然发生到我身上时能够安慰自己的枕头。

当新的一年的艳丽的太阳把阴坡上的积雪悄悄融化的时候，对生理不幸的畏怯心理完全被汹涌着的创造欲望彻底扫荡了。把那种只属于自己的独特体验倾泻出来展示出来，自信那种生命的和艺术的深沉而又鲜活的体验只属于自己，强烈的创造的欲望既使人心潮澎湃，又使人沉心静气。当我在草拟本上写下第一行字的时候，整个心理感觉已经进入我的父辈爷辈老老老爷辈生活过的这座古原的沉重的历史烟云之中了。这是一九八八年四月一日。

三

北方乡村的冬夜寒冷而又漫长。然而在我即将跨上五十岁的这一年的冬天，最深刻的记忆却是孤清。这是一九九一年的深冬。

我已经在这间小屋里的小圆桌上爬行了四年。冬天里一只火炉夏天里一盆凉水,《白鹿原》上三代人的生的欢乐和死的悲凉都进入最后的归宿。我这四年里穿行过古原半个多世纪的历史的烟云,终于要回到现实的我了。掀开新的一页稿纸,便有一种"倒计时"的怦然。然而当每天的黑夜降临时,心里的孤清简直不可承受。

我的祖居的家园在一个不足百户人家的村子里。老祖宗选择这块南倚白鹿原北临灞河的风水宝地生息繁衍,在以纺车和石磨为生存的基本手段的农业社会是极富于眼光的选择。有坡地有河川水田,只要灞河不发生断流,河川里就不愁绝收,灞河水是滋润先辈血液的从未枯竭的乳汁。这里虽然距西安城区不足一小时的汽车里程,然而却是天然的偏僻,在兵荒马乱的年月倒是得天独厚少了一些骚扰(绝无桃源之境)。然而先祖们缺乏料知几百年后的子孙的生活前景,却因这个偏僻造成进步的滞缓和生活的诸多障碍。每一家的后院都紧紧贴着白鹿原的北坡,横亘百余华里的高耸而又陡峭的原坡遮挡了电视信号,我兴冲冲买来的电视机无论换上怎样灵敏的接收天线都无济于事,只能当作收音机收听每日的"新闻联播"……

即使在冰封大地万木萧瑟的冬天,只要不是漫天飞雪,农民们便不闲着,他们把鸡窝牛棚猪圈羊栏里的粪便挖出来,捣碎了再用独轮小车推到麦地或棉田里去,或者为小麦冬灌,或者为葡萄园松土翻地，或者挑着菜园里的冬菜去赶集，或者为已经成年的儿女选择配偶。忙是忙着，却是一种冬天里的自然的悠闲缓慢的做派，天黑吃罢夜饭就早早歇下了。整个村庄便沉寂下来，偶尔的几声狗吠之后愈加死寂。我在小桌的稿纸上折腾了一天，写作顺畅的欢悦和思绪不顺的忧烦都无法排解；又读不进去任何书，越是临近这部书稿的结束，越是不想读什么书了，也许是我有生以来阅读兴趣最低落的一个冬天。我似乎无法忍受那种挥斥不开的孤清。

我便在无边的孤清中走出屋院，走出沉寂的村庄走向原坡。清冷的月光把柔媚洒遍沟坡，被风雨剥蚀冲刷形成的奇形怪状的沟壑峁梁的丑陋被月光抹平了。我漫无目的地走着，走到一条陡坡下，枯死风干的茅草诱发起我的童趣。我点燃了茅草，由起初的两三点火苗哧溜哧溜向周围蔓延，眨眼就卷起半人高的火焰，迅疾地朝坡上席卷过去，同时又朝着东西两边蔓延；火势骤然腾空而起，翻跃着好高的烈焰；时而骤然降跌下来，柔弱的火苗舔着地皮艰难地流窜，我知道，那是坡地上枯草的厚薄制约着火焰的升跌；遇到茅草尤其厚实的地段，火焰竟然呼啸起来，夹杂着噼噼啪啪的爆响……我在这时候便忘记了一切，周身的血液也涌流起来，舞蹈着的火苗像万千猕猴万千精灵，孤清和寂寞顿然被野火驱逐净了，心里洋溢着畅美和恬静。

我坐在坡地上，点燃一支烟。

书稿就要写完了，最初的对于不幸的畏怯早已烟散了。

不是最初设想的三年而是整整四年,因为纯粹的客观的因素而停止了两个冬天的写作,而秋天和冬天恰恰是我写作最适宜的习惯性时月,整个写作计划就拖迟了一年,我的耐性经受了锻炼。

这个时候,文坛上正在热烈地讨论文人要不要"下海"的新鲜话题。

我的眼前,可以辨识这儿那儿的一堆堆老墓和新坟。这个小小的村庄里的一代一代的男女死亡以后,他们的子孙邀集族人和乡党在山坡上挖掘墓坑,再把装殓到棺材的尸体抬上山坡埋进黄土,他们生前日夜煎熬着的事,由他们的儿子和孙子继续熬煎;他们平生累断筋骨力争着的生活理想,也只好交由儿子和孙子继续去力争;坡地上无以数计的老墓新坟里的那些到死也没有争取到生活理想的男女无法得知,他们的一代二代乃至八代子孙依然过着和他们一样的光景,甚至还保不住他们在世时的那两亩田地和两间旧房,时光在这不变的坡上和河川停滞了多久多久……

野火烧到了那面陡坡的坡顶,茅草断绝了,火焰也断断续续熄灭了。我又走下一道坡沟,掏出火柴,这条统直的大沟再次腾起野火的壮观景致。

我在沟底坐下来,重新点燃一支烟。火焰照亮了沟坡上孤零零的一株榆树,夜栖在树杈里的什么鸟儿惊慌失措地拍响着翅膀飞逃了。山风把呛人的烟团卷过来,混合着黄蒿、薄荷和野艾燃烧的气味,苦涩中又透出清香。我又一次沉醉在这北方冬夜的山野里了，纷繁的世界和纷繁的文坛似乎远不可及，得意与失意，激昂与颓废，新旗与旧帜，真知与荒谬，谋算与投机，红脸与白脸，似乎都是另一个世界的属于昨天的故事而沉寂为化石了。

十年以前的这样的冬天，我有幸作为专业作家调入省作家协会搞专业创作。我办完了包括户籍和粮油供应等所有关系，同时也就决定回归老家；我得到了专业创作的机缘，整个心理感觉就是进入生存理想的最佳境地最可心的状态了；这个机缘于我的全部含义只有一点，往后的时间可以由我自由支配了。

我几乎同时决定回归家园，仅仅只是自我判断后的抉择。我的自我判断又基于比较清醒的自省，没有机会接受文学的专业训练，自修所得的文学知识带有很大的实用性和不可避免的残缺性，需要认真读书以弥补先天性不足，需要广泛阅读开阔艺术视野；我在乡村基层工作了整整二十年，我所经历的社会生活和我自己的精神历程，需要冶炼也需要梳理，再也不能容忍自己描摹生活的泡沫而把那些青春和血汗换来的生活积累糟践了。没有拯救作家的上帝，也没有点化灵感的仙人，作家只能依赖自己对生活对生命对艺术的独特而又独立的体验去创作，吵吵嚷嚷自我标榜结伙哄炒都无济于事，非文学因素不可能给文学帮任何忙，文学的事情只能依靠文学本身去完成。出于对文学的如此理解和对自己的弱项的解剖，便决定回到故园老家去，寻一方耳根清净之地去读书去练笔。

在祖居的老屋老老实实住下来，连自己也觉得不可思议。自小学五年级开始上寄宿学校到后来参加工作再到这次回归，整整三十年里，只有礼拜天和寒暑假在这个村子度过，三十年后蜗居老屋，重新呼吸左邻右舍的弥漫到我的屋院的柴烟，出门便是世居的族人和乡邻的熟识的面孔，听他们抱怨天旱了雨涝了太失公道的什么狗屁事啦……又是十年！到这一年的最后一个月份过去即将跨上一九九二年的元旦，我正好在这地理上的白鹿原北坡下的祖屋里生活了十年，小说由短篇写到中篇再写长篇，费时四年的书稿即将完成的怦然又发生了。哦！上帝，我终于把握住了属于自己的十年也拯救了自己的灵魂，迈进五十岁了。

四

孙康宜教授对我说的五十危机的理解显然有点误差。

尽管这样，反倒是这误差给了我一种启迪，关于五十的习惯性认识，老年年轮对人心理的某种威压，毕竟廓清了。我首当想到的是索尔兹伯里这位美国老头，八十岁时走完了中国工农红军长征之路，而且完成了《长征——前所未闻的故事》一书。这个壮举和这种创造活力，也应该是一个"前所未闻的故事"。八十岁的索氏敏捷的思维，理智而又深刻的论述，捕捉红军壮士个性细节的准确，对复杂的历史事件恰当而入微的剖析，令我感叹不已。应该说，这是我读到的写"长征"的最优秀的一部书，曾经忍俊不住发出惊叹，闻名于世的"长征"，怎么让一位美国作家写成了，而且是一位八十高龄的老头。面对索氏，五十算是青年。于是，我对孙教授说："五十开始好。我来写一篇文章，就用这句话作篇名。"孙教授说："写出来一定寄我看看。"

在西安的几天时间里，孙康宜走东线看了秦始皇兵马俑、兵谏亭和杨贵妃的浴池，顺路在半坡参观了仰韶文化遗址；去西线参观法门寺、武则天陵和汉武帝陵园，又在杨贵妃的墓冢前久久伫立。抽空又在西安的大街小巷转悠了感受了。我没有作陪，司机给我说，这个孙教授是他所送往参观的客人中最用心最费时的一位，不停地问着记着。在半坡遗址的村落里，在杨贵妃硕大无朋的浴池旁和她被缢死的马嵬坡，在另一个女人——中国唯一一位女皇高耸的陵墓前，孙教授感受到什么，无须揣测，任何人的任何感受都是合理的独自的。我只是觉得她早出晚归不知疲惫的劲头，整个就注释着她的五十开始的宣言。

最后一个参观景点是黄帝陵，我作陪。汽车驰过渭河，在渐次增高的缓坡上前进。从渭河平原到渭北高原过渡的层次一目了然，一方地域独有的气韵总是给人以独特的历史文化和现实格调的强烈感受，平原上的偌大的村落和高原区一排排窑洞，繁衍着延续着一个民族。从那平原上的村庄和高原上的窑洞里，曾经走出过一个又一个杰出的后生，有的甚至走进他们当时的封建政权的中枢，影响过当时的政局和时局。他们的最杰出的贡献和最生动的轶闻，依然在那些树木掩映泥泞遍地的村巷里流传，成为整个村庄整个县域内的子孙的骄傲，他们的精神和气性也就历经千年百年而依然流贯在乡民之中。我给孙康宜教授介绍说，历史上凡是有能力进入当时政权中心的关中人，祸国殃民的奸佞之徒几乎数不出来，一个个都是坚辞硬嘴不折不摧的丈夫，这块土地滋养壮汉。孙教授说，试举一例。我说，太史公。若举二例，便有牛先生，他是《白》书里朱先生的生活原型。

……

直到最近一次打电话来，孙康宜教授说她还想来西安，上次来时太匆促，短短几天的感受，反倒引发起更为强烈更为直接的欲望……末了竟然还追问："五十开始"的文章写出来了吗？

1997年1月

六十岁说

四十五年前读初中二年级时,我在作文课上写下平生的第一篇短篇小说。这篇大约三千字的小说习作是第一次文学创作,不再属于此前作文的意义。我对文学创作的兴趣由此萌发。这种兴趣持续了四十五年。至今依旧新鲜而恭敬。即使"文革"扫荡一切作品和作家的时候,这种兴趣仍然没有转移或消亡,转变为一种隐蔽性的阅读。我说过我的人生的有幸和不幸,正是从在作文本上写作第一篇小说起始的;正是这一次完全出于兴趣性的写作,奠定了文学在我人生历程中的主题词。

近年来,多种媒体和多路记者几乎无一不问及我的人生感悟和文学创作的感悟。我也几乎无一例外地首先向他们解释,我不大使用感悟、悟道一类词,我喜欢启示,即人生历程中得到的启示,文学创作中思想和艺术的启示。正是这些启示,提升着我对历史和现实的思想穿透能力,也提升着我对文学和艺术本真的体验,完成一次又一次创造理想。在这个漫长的艺术探索过程和人生历程中，有两次自我把握和两次反省成为关键性的选择和转折。

一次是在一九七八年之初，当中国文学复兴的春潮涌动的时候，我正在灞河水利工地任副总指挥。我在完成了家乡的这个工程之后离开了，调入文化馆。我那时候对我的把握是，文学创作可以当作事业来干的时代终于出现了。第二次把握是一九八二年。这一年我从业余写作进入专业写作。我曾在一篇文章中写到过当时的直接的唯一的感觉，即进入我的人生最佳生存状态。我几乎在得到专业创作条件的同时，决定回归老家。一是静下心来回嚼二十年的乡村工作和生活，进入写作；二是基于对自己知识的残缺性的估计，需要广泛读书需要充实更需要不断更新，这都需要一个可以避免纷扰的安静环境来实现。我选择了老家农村。直到《白鹿原》书完成，正好十年。这两次把握，一次是人生轨道的转换，一次纯粹属于自身生存环境的选择。

两次反省。一次是一九七八年秋天。当新时期文学如雨后春笋般从解冻的文坛发生时，我很鼓舞也很冷静。冷静是出于对自身具体情况的判断。我以为排除"文革"中那些"极左"思想不难，而要荡涤自有阅读能力以来所接受的"极左"的非文学的观念不易。我选择了读书，借来了一些世界经典作家的经典作品，以真正的文学来摒弃思维和意识中的非文学观念，目的仅仅只有一点，进入文学的本真。这次反省大约持续了四个月，到一九七九年春天，我获得了文学创作和艺术表现的强烈欲望。我把文学当作事业来干的行程开始了。

第二次反省发生在八十年代中后期,即《白鹿原》写作的准备阶段。我那个时候的思维是最活跃的一段。尤其是文学创作理论中的人物心理结构学说,引发了我对自己以往创作的颠覆。自我的不满意以至自我否定,同时就孕育着膨胀着一种新的艺术创造理想。这种痛苦的反省完全是自发的。发生在《白鹿原》的准备和后来的整个写作过程中,对我来说是一个关键。

多年以后的今天回过头来看,在人生的两个重要阶段上,我把握了自己,主要是以自身的实际做出的选择。在艺术追求的漫长历程中,在两个重要的创作阶段上,进行两次反省,对我不断进入文学本真是关键性的。如果说创作有两次重要突破,首先都是以反省获得的。可以说,我的创作进步的实现,都是从关键阶段的几近残酷的自我否定自我反省中获得了力量。我后来把这个过程称作心灵和艺术体验剥离。没有秘密,也没有神话,创造的理想和创造的力量,都是经过自我反省获取的、完成的。

仅仅在半月之前的一个上午,我完成一篇五千字的散文,在原下老家一个人兴奋不已。仅仅在十天前一个晚上,读完畅广元教授的一本文化文学批评专著,进入一种最欣慰的愉悦。四天前的那个下午,我写完一篇万余字的短篇小说,竟然兴奋不已。两天前的晚上,在杨凌参加杨凌文联成立的会场里,见到残疾人作家贺绪林,听说他的一部三十万字的长篇即将由人民文学出版社出版，我感动而又感奋，同样愉悦。这样，我几十年来不断重复验证自己，文学创作才是我生存的最佳气场。

直到我走进朋友们营造的这个隆重而又温馨的场合，我依然不能切实理解六十这个年龄的特殊含义，然而六十岁毕竟是人生的一个最重要的年龄区段。按照我们传统文化和传统习俗的意思，是耳顺，是感悟，是悟道，是忆旧的年龄。这也许是前人归纳的生命本身的规律性特征。我不可能违抗生命规律。但我现在最明确的一点是，力戒这些传统和习俗中可能导致平庸乃至消极的东西。我比任何年龄区段上更强烈更清醒的意识是，对新的知识的追问，对正在发生着的生活运动的关注。这既是作为一个作家的生命意义所在，也是我这个具体作家最容易触发心灵中的那根敏感神经的颤动的。

我唯一恳求上帝的，是给我一个清醒的大脑。而今天所有前来聚会的朋友和我的亲人，就是怀着上帝的意愿来和我握手的。

2002年7月31日　原下

原下的日子

一

新世纪到来的第一个农历春节过后,我买了二十多袋无烟煤和吃食,回到乡村祖居的老屋。我站在门口对着送我回来的妻女挥手告别,看着汽车转过沟口那座塌檐倾壁残颓不堪的关帝庙,折回身走进大门进入刚刚清扫过隔年落叶的小院,心里竟然有点酸酸的感觉。已经摸上六十岁的人了,何苦又回到这个空寂了近十年的老窝里来。

从窗框伸出的铁皮烟筒悠悠地冒出一缕缕淡灰的煤烟,火炉正在烘除屋子里整个一个冬天积攒的寒气。我从前院穿过前屋过堂走到小院,南窗前的丁香和东西围墙根下的三株枣树苗子,枝头尚不见任何动静,倒是三五丛月季的枝梢上暴出小小的紫红的芽苞,显然是春天的讯息。然而整个小院里太过沉寂太过阴冷的气氛,还是让我很难转换出回归乡土的欢愉来。

我站在院子里,抽我的雪茄。东邻的屋院差不多成了一个荒园,兄弟两个都选了新宅基建了新房搬出许多年了。西邻曾经是这个村子有名的八家院,拥挤如同鸡笼,先后也都搬迁到村子里新辟的宅基地上安居了。我的这个屋院,曾经是父亲和两位堂弟三分天下的"三国",最鼎盛的年月,有祖孙三代十五六口人进进出出在七八个或宽或窄的门洞里。在我尚属朦胧混沌的生命区段里,看着村人把装着奶奶和被叫作厦屋爷的黑色棺材,先后抬出这个屋院,再在街门外用粗大的抬杠捆绑起来,在儿孙们此起彼伏的哭号声浪里抬出村子,抬上原坡,沉入刚刚挖好的墓坑。我后来也沿袭这种大致相同的仪程,亲手操办我的父亲和母亲从屋院到墓地这个最后驿站的归结过程。许多年来,无论有怎样紧要的事项,我都没有缺席由堂弟们操办的两位叔父一位婶娘最终走出屋院走出村子走进原坡某个角落里的墓坑的过程。现在,我的兄弟姊妹和堂弟堂妹及我的儿女,相继走出这个屋院,或在天之一方,或在村子的另一个角落,以各自的方式过着自己的日子。眼下的景象是,这个给我留下拥挤也留下热闹印象的祖居的小院,只有我一个人站在院子里。原坡上漫下来寒冷的风。从未有过的空旷。从未有过的空落。从未有过的空洞。

我的脚下是祖宗们反复踩踏过的土地。我现在又站在这方小小的留着许多代人脚印的小院里。我不会问自己也不会向谁解释为了什么又为了什么重新回来,因为这已经是行为之前的决计了。丰富的汉语言文字里有一个词儿叫龌龊。我在一段时日里充分地体味到这个词儿的不尽的内蕴。

我听见架在火炉上的水壶发出"噗噗噗"的响声。我沏下一杯上好的陕南绿茶。我坐在曾经坐过近二十年的那把藤条已经变灰的藤椅上,抿一口清香的茶水,瞅着火炉炉膛里炽红的炭块,耳际似乎萦绕着见过面乃至根本未见过面的老祖宗们的声音,嗨!你早该回来了。

第二天微明,我搞不清是被鸟叫声惊醒的,还是醒来后听到了一种鸟的叫声。我的第一反应是斑鸠。这肯定是鸟类庞大的族群里最单调最平实的叫声,却也是我生命磁带上最敏感的叫声。我慌忙披衣坐起,隔着窗玻璃望去,后屋屋脊上有两只灰褐色的斑鸠。在清晨凛冽的寒风里,一只斑鸠围着另一只斑鸠团团转悠,一点头,一翘尾,发出连续的"咕咕咕……咕咕咕"的叫声。哦!催发生命运动的春的旋律,在严寒依然裹盖着的斑鸠的躁动中传达出来了。

我竟然泪眼模糊。

二

傍晚时分,我走上灞河长堤。堤上是经过雨雪浸淫沤泡变成黑色的枯蒿枯草。沉落到西原坡顶的蛋黄似的太阳绵软无力。对岸成片的白杨树林,在蒙蒙灰雾里依然不失其肃然和庄重。河水清澈到令人忍不住又不忍心用手撩拨。一只雪白的鹭鸶,从下游悠悠然飘落在我眼前的浅水边。我无意间发现,斜对岸的那片沙地上,有个男子挑着两只装满石头的铁丝笼走出一个偌大的沙坑,把笼里的石头倒在石头垛子上,又挑起空笼走回那个低陷的沙坑。那儿用三脚架撑着一张钢丝罗筛。他把刨下的沙石一锨一锨抛向罗筛,发出连续不断千篇一律的声响,石头和沙子就在罗筛两边分流了。

我久久地站在河堤上,看着那个男子走出沙坑又返回沙坑。这儿距离西安不足三十公里。都市里的霓虹此刻该当缤纷,各种休闲娱乐的场所开始进入兴奋期。暮霭渐渐四合的沙滩上,那个男子还在沙坑与石头垛子之间来回往返。这个男子以这样的姿态存在于世界的这个角落。

我突发联想,印成一格一框的稿纸如同那张罗筛。他在他的罗筛上筛出的是一粒一粒石子。我在我的"罗筛"上筛出的是一个一个方块汉字。现行的稿酬标准无论高了低了贵了贱了,肯定是那位农民男子的石子无法比的。我自觉尚未无聊到滥生矫情,不过是较为透彻地意识到构成社会总体坐标的这一极。这一极与另外一极的粗细强弱的差异。

这是新世纪的第一个早春。这是我回到原下祖屋的第二天傍晚。这是我的家乡那条曾为无数诗家墨客提供柳枝,却总也寄托不尽情思离愁的灞河河滩。此刻,三十公里外的西安城里的霓虹灯,与灞河两岸或大或小村庄里隐现的窗户亮光;豪华或普通轿车壅塞的街道,与田间小道上悠悠移动的架子车;出入大饭店小酒吧的俊男倩女打蜡的头发涂红(或紫)的嘴唇,与拽着牛羊缰绳背着柴火的乡村男女;全自动或半自动化的生产流水线,与那个在沙坑在罗筛前挑战贫穷的男子……构成当代社会的大坐标。我知道我不会再回到挖沙筛石这一极中去,却在这个坐标中找到了心理平衡的支点,也无法从这一极上移开眼睛。

三

村庄背靠白鹿原北坡。遍布原坡的大大小小的沟梁奇形怪状。在一条阴沟里该是最后一坨尚未化释的残雪下,有三两株露头的绿色,淡淡的绿,嫩嫩的黄,那是青蒿,长高了就是蒿草,或卑称臭蒿子。嫩黄淡绿的青蒿,不在乎那坨既残又脏经年未化的雪,宣示了春天的气象。

桃花开了,原坡上和河川里,这儿那儿浮起一片一片粉红的似乎流动的云。杏花接着开了,那儿这儿又变幻出似走似住的粉白的云。泡桐花开了,无论大村小庄都被骤然爆出的紫红的花帐笼罩起来了。洋槐花开的时候,首先闻到的是一种令人总也忍不住深呼吸的香味,然后惊异庄前屋后和坡坎上已经敷了一层白雪似的脂粉。小麦扬花时节,原坡和河川铺天盖地的青葱葱的麦子,把来自土地最诱人的香味,释放到整个乡村的田野和村庄,灌进庄稼院的围墙和窗户。椿树的花儿在庞大的树冠和浓密的枝叶里,只能看到绣成一团一串的粉黄,毫不起眼,几乎没有任何观赏价值,然而香味却令人久久难以忘怀。中国槐大约是乡村树族中最晚开花的一家,时令已进入伏天,燥热难耐的热浪里,闻一缕中国槐花的香气,顿然会使焦躁的心绪沉静下来。从农历二月二龙抬头迎春花开伊始，直到大雪漫地，村庄、原坡和河川里的花儿便接连开放，各种奇异的香味便一波迭过一波。且不说那些红的黄的白的紫的各色野草和野花，以及秋来整个原坡都覆盖着的金黄灿亮的野菊。

五月是最好的时月，这当然是指景致。整个河川和原坡都被麦子的深绿装扮起来，几乎看不到巴掌大一块裸露的土地。一夜之间，那令人沉迷的绿野变成满眼金黄，如同一只魔掌在翻手之瞬间创造出来神奇。一年里最红火最繁忙的麦收开始了，把从去年秋末以来的缓慢悠闲的乡村节奏骤然改变了。红苕是秋收的最后一料庄稼，通常是待头一场浓霜降至，苕叶变黑之后才开挖。湿漉漉的新鲜泥土的垄畦里，排列着一行行刚刚出土的红艳艳的红苕，常常使我的心发生悸动。被文人们称为弱柳的叶子，居然在这河川里最后卸下盛妆，居然是最耐得霜冷的树。柳叶由绿变青，由青渐变浅黄，直到几番浓霜击打，通身变成灿灿金黄，张扬在河堤上河湾里，或一片或一株，令人钦佩生命的顽强和生命的尊严。小雪从灰蒙蒙的天空飘下来时，我在乡间感觉不到严冬的来临，却体味到一缕圣洁的温柔，本能地仰起脸来，让雪片在脸颊上在鼻梁上在眼窝里飘落、融化，周围是雾霭迷茫的素净的田野。直到某一日大雪降至，原坡和河川都变成一抹银白的时候，我抑制不住某种神秘的诱惑，在黎明的浅淡光色里走出门去，在连一只兽蹄鸟爪的痕迹也难觅踪的雪野里，踏出一行脚印，听脚下的雪发出"铮铮铮"的脆响。

我常常在上述这些情景里，由衷地咏叹，我原下的乡村。

四

漫长的夏天。

夜幕迟迟降下来。我在小院里支开躺椅，一杯茶或一瓶啤酒，自然不可或缺一支烟。夜里依然有不泯的天光，也许是繁密的星星散发的。白鹿原刀裁一样的平顶的轮廓，恰如一张简洁到只有深墨和淡墨的木刻画。我索性关掉屋子里所有的电灯，感受天光和地脉的亲和，偶尔可以看到一缕鬼火飘飘忽忽掠过。

有细月或圆月的夜晚，那景象就迷人了。我坐在躺椅上，看圆圆的月亮浮到东原头上，然后渐渐升高，平静地一步一步向我面前移来，幻如一个轻摇莲步的仙女，再一步一步向原坡的西部挪步，直到消失在西边的屋脊背后。

某个晚上，瞅着月色下迷迷蒙蒙的原坡，我却替两千年前的刘邦操起闲心来。他从鸿门宴上脱身以后，是抄哪条捷径便道逃回我眼前这个原上的营垒的？"沛公军灞上"。灞上即指灞陵原。汉文帝就葬在白鹿原北坡坡畔，距我的村子不过十六七里路。文帝陵史称灞陵，分明是依着灞水而命名。这个地处长安东郊自周代就以白鹿得名的原，渐渐被"灞陵原""灞陵""灞上"取代了。刘邦驻军在这个原上，遥遥相对灞水北岸骊山脚下的鸿门，我的祖居的小村庄恰在当间。也许从那个千钧一发命悬一线的宴会逃跑出来,在风高月黑的那个恐怖之夜,刘邦慌不择路翻过骊山涉过灞河,从我的村头某家的猪圈旁爬上原坡直到原顶,才舒出一口气来。无论这逃跑如何狼狈,并不影响他后来打造汉家天下。

大唐诗人王昌龄,原为西安城里人,出道前隐居白鹿原上滋阳村,亦称芷阳村。下原到灞河钓鱼,提镰在菜畦里割韭菜,与来访的文朋诗友饮酒赋诗,多以此原和原下的灞水为叙事抒情的背景。我曾查阅资料企图求证滋阳村村址,毫无踪影。

我在读到一本《历代诗人咏灞桥》的诗集时,大为惊讶,除了人皆共知的"年年柳色,灞陵伤别"所指的灞桥,灞河这条水,白鹿(或灞陵)这道原,竟有数以百计的诗圣诗王诗魁都留了绝唱和独唱。

> 宠辱忧欢不到情,
> 任他朝市自营营。
> 独寻秋景城东去,
> 白鹿原头信马行。

这是白居易的一首七绝。是诸多以此原和原下的灞水为题的诗作中的一首。是最坦率的一首,也是最通俗易记的一首。一目了然可知白诗人在长安官场被蝇营狗苟的龌龊惹烦了,闹得腻了,倒胃口了,想呕吐了,却终于说不出口呕不出喉，或许是不屑于说或吐，干脆骑马到白鹿原头逛去。

还有什么龌龊能淹没脏污这个以白鹿命名的原呢？断定不会有。

我在这原下的祖屋生活了两年。自己烧水沏茶。把夫人在城里擀好切碎的面条煮熟。夏日一把躺椅冬天一抱火炉。傍晚到灞河沙滩或原坡草地去散步。一觉睡到自来醒。当然，每有一个短篇小说或一篇散文写成，那种愉悦，相信比白居易纵马原上的心境差不了多少。正是原下这两年的日子，是近八年以来写作字数最多的年份，且不说优劣。

我愈加固执一点，在原下进入写作，便进入我生命运动的最佳气场。

2003年12月11日于二府庄

生命之雨

一个年过五十的人，某天傍晚突然警悟，他的生命中最敏感的竟然是雨。

秋日。傍晚。

细雨如丝如缕如烟，无穷无尽的前方和已经穷尽的身后都是这种雨丝，飘飘洒洒却无声无息。他沿着家乡的河水在沙滩上走着。一旦有雨或雪降下，他就有一种迎接雨雪的骚动而必须刻不容缓地走向雨雪迷蒙的田野。他的腋下挟着一把黑色雨伞，除非雨点变得粗疾起来才准备打开。

沙滩上的野苇子的茸毛已经飘落，蒿草和绿色无可挽救地变得灰黑而苍老了。他看见河的远处有人在涉水过河，辨不清过河的是男人还是女人，雨雾把雄性和雌性的外部特征模糊起来了。走过滩柳丛生的一道沙梁，一个看去和他年龄相仿的女人伫立在沙地上，看守着七八只羊。女人的右手攥着一根新鲜的柳枝儿，无疑是用来警示她的羊的武器；她的左腋下挟着一只金黄色的草帽,而让头发也淋着雨。她的生命中也敏感雨而渴盼细雨的浇灌和滋润么?

女人满脸皱纹,皮肤皴黑而粗糙,骨骼粗硬而显示着棱角;她挽着黑色的裤脚,露出小腿如同庄稼汉一样坚硬的筋骨的轮廓。他瞅着她,又瞅着她的羊,瞅过去是七只,倒瞅过来却成了八只;数过了羊又瞅她。他瞅着数着羊是潜意识的行为,避免死呆呆瞅着她而引起反感。瞅了瞅她又去数羊,这回数过去是八只,再数过来又成了七只。

她却只瞅着她的羊,或者根本就没有瞅羊。她也不瞅他。他想,在她说不清是呆滞或是不屑的眼神里,他不过也是一只羊吧?他便走开了,踏上高踞沙滩的河堤。

母亲说生他的时候正是三伏天。母亲强调说他落地的时辰是三伏天的午时。母亲对他落地后的记忆十分清晰,落地后不过半个时辰全身就潮起了痱子,从头顶到每一根脚指头,都覆盖着一层密密麻麻的热痱子。只有两片嘴唇例外地侥幸,却暴起苞谷粒大的燎泡。母亲说整整一个夏天里,他身上的热痱子一茬尚未完全干壳,新的一茬便迫不及待地又冒了出来,褪掉的干皮每天都可以撕下小半碗。母亲说她在月子里就只是替他从头到脚撕揭干壳了的痱子皮……母亲对已经成年了的他遭遇灾难时便说:"你落生的时辰太焦躁了。那天能遇着下雨就好了。"

他后来得知,他与父亲同一个属相:马。这根本不用奇怪，家族中两代人和两代人之中同一属相的现象屡见不鲜完全正常。奇异的是，他和父亲同月同日生，而且时辰都是午时。只是没有人说得清，父亲出生时潮没潮起那么厉害的热痱子，父亲出生时是否侥幸遇到了三伏天的雨。

他便猜疑，在他来到这个世界时便领受到的如煎如煮的酷热焦躁，在父亲来说早已领受过了，从而并不以为什么了不起。

关于他的父亲，他想写篇小文章来悼念那位如草芥一样无声无响度过一生又悄然死去的农民，然而终于没有形成文字。原因在于，那个念头刚一产生，如潮的记忆便把他齐头盖脑淹没了。他喘息着又合上了钢笔。父亲是一本书，不是一篇小文章。

现在，他只能说一句话，在这个世界上，他最熟悉最了解的是他的父亲，而最难理解的也是他的父亲。他深深地懊悔，直到父亲离开这个世界时，才发觉自己从来也没有太在意过父亲。起初他剖析造成这种懊悔心理的因素，是他既不可能对父亲寄托稍大点儿的依赖，更不可能发现以至研究他有什么伟大和不平凡之处；后来随着生命体验的不断加深，终于有一天醒悟过来，便是从来也没有想到过对父亲的心理设防，是一种绝对的心理安全的天然依赖，反倒不太在意了。

父亲死亡的情景永难忘记。一个自身生长的异物堵死了食道，直到连一滴水也不能通过，那具庞大的躯体日渐一日萎缩成一株干枯的死树……哦！生命中的雨啊！

他一个人坐在家乡的河边,天上洒下旱季里少见的蒙蒙细雨。他刚刚二十岁,开始了永远的没有限期的暑假,从学校走向社会了。他半是豪勇半是惶惑,怀着宏大的文学梦却又怀疑自己是否具备文学的天赋,自信与自卑五十对五十折磨着他,便有了一种孤自散步的欲望,尤其是在雨雾迷茫之中。

这条河不大却闻名于遥远悠久的历史,河有多长,河边的柳林就有多长。骚客文人折柳赠别也抛撒离愁思怨的诗句,成为一代又一代文化人寄托情怀的佳作。他坐在水边,一个琴瑟般的声音不期而至:"大哥哥你饿吗?"他转过头就看见了一只小仙鹤,是的,这个大约不过十岁的女孩像河滩草地上偶然降至的仙鹤。他苦笑一下摇摇头。处于整个民族的大饥饿年代,小孩子看世界的眼睛也是饥饿。他笑笑说:"我渴。"河堤上传下来一声笑,他看见那儿站着一位干部,这是一家大企业的党的领导干部,据说是一位出身富贾而又背叛了自己阶级的老革命,革命胜利了他已成为企业领导,却依然需要下放乡村锻炼改造……他很忠诚,不仅自己老老实实在农民中间生活,而且还利用暑假把小女儿也领到这炼狱里来改造了。

几十年后,在一次全国性的文学集会上,有一位中年女人向他走来:"你现在是饿还是渴?"

"还是渴。"

"还是渴?"

"是渴……生命之雨。"

她说她后来随父亲到北方一个城市，又转过四五个城市。她现在在一家报纸主持着一个《婚姻与家庭》的专栏。她在年轻男女中名声显赫，几乎家喻户晓，当然是她坦率而又真诚地解答过来自全国各地青年男女关于爱的困惑，并因此而很自信："你比我写的书多，我比你写的信多；你只是在文学圈子里有名声，而我却在青年人心中是知音。"她的佐证是多年来收到和回复青年人的书信数以万计。她说她读过他的全部作品，当然不是因为作品好不好，亦不是要研究他的创作，主要是因为在他未成名之前她见过他一面，那时她不足十岁。她说："我至少给青年朋友写过两万多封信，而你的小说最多发行五千册。"

他很尴尬，随之反诘："我也来请你解答一下过去的问题，有一对年轻夫妇在'文革'中分属对立的两派组织，妻子向自己一派的造反队司令报告了丈夫的行踪，丈夫被抓去打断了一条腿。这位现在走路还颠着跛着的丈夫仍然和那位告密的妻子生活在一起。他向你写过信没有？如果他有一天写信给你要求解释困惑，你怎么回答他？"她张了张口却摇摇头笑了，竟是一副不屑回答的神气。

半年以后，他接到她从千里之外的城市打来的长途电话，说她今天收到一封信，信中所表述的精神痛苦使她陷入深沉的无言以对的心境之中，那人的遭遇与他所说的"文革"夫妇的故事大同小异，关键在于他们的故事一直延续到今天而且还有发展，类似于被打断腿的这个跛子丈夫，居然投靠那个抓他施刑的造反队头儿的门庭挣钱去了。造反队头儿受过几年冷落之后，现在是一位腰里别着大哥大的公司老板了……现在反倒是类似于那个告密的妻子陷入痛苦境地，据说是丈夫现在跟着那个不计前嫌的老板北上南下东闯西骗，出入星级宾馆酒楼歌舞厅，既卡拉OK又KTV还桑拿浴……她在电话中向他复述了这个故事，情绪很沉静，似乎没有了她写过两万余封回信的那种自信与得意，很真诚地说："上次你讲的那对'文革'夫妇的故事我没有回答，我觉得那是你们上一代人的故事和困惑；你们上一代人所处的那个时代是一个不正常的时代，用今天正常人的思维是无法理解也无法解释的，因为他和她都是不正常生活里的不正常的人所演绎的不正常故事。现在，当他和她在今天正常的社会里继续演绎不正常的故事时，我竟然第一次感觉到我的肤浅，无法回答那个类似告密妻子的新的苦恼……"他反而宽厚地安慰她说："是的，你不可能解除所有痛苦着的心灵的痛苦，也不可能拯救所有沉沦的灵魂。"她说："我总得给她回信呀！情急之下，我用了你的一句话回复了她，就是'生命之雨'。"

他说："这话太……"

她说："我就想起你的这句话……恰不恰当都不管了，上帝！"

蒙蒙细雨依然。依然是如丝如缕如烟。依然是飘飘洒洒无声无响。他已经走到这一段河堤的尽头，河堤朝南拐弯伸展过去，顶头和南岸的山崖接住了；那一段河堤从山崖下开始延伸到雨雾迷茫的无穷无尽的上游。人生其实也类似这河堤，分作一段一段的，这一段到头了，下段又从这儿开始，一直延伸成为一个生命的河流。

河堤拐弯的内堤里，就圈住了好大一片滩地。滩地里有一幢孤零零的土坯房，房子的南墙和西墙上苫着一层长长的稻草，那是防止西风和南边的下山风卷来的骤雨对泥皮土坯的冲刷的，就像一位插秧的农夫身披的蓑衣。房前有一片偌大的打谷场，场角靠近房子的地方有一个黄色的麦秸垛。他猜测这是一个土地承包经营者仓促建筑的房子，从那简陋的建筑判断，主人完全是出于一种临时的考虑，不愿投注更多的钱财给这幢远离村庄的建筑。

一个男人吆着牛拽着犁在翻耕打谷场。打谷场已经完成了夏季打麦秋季打谷的用场，现在翻耕以恢复土地的疏松和绵软，然后撒下早熟的青稞或者油菜籽，赶明年收割小麦之前先收获了青稞或油菜，再把这块土地碾压瓷实做打谷场。男人悠悠地吆着牛扶着犁，没有戴草帽，一任细雨淋着。一个女人站在麦秸垛下撕扯麦草，撕下一把便弯下腰纳到一只大竹条笼里，动作也是悠悠的不急不忙的样子。只是那一件红色的衣衫像一簇火焰在迷茫的河滩上闪耀。

一男一女一低一高两个小孩在场地上追逐，他们从土屋里奔出来时就是互相追逐着的，大约是男孩抢走了霸占了女孩的吃食或玩具，争执便发生了。女孩追着男孩显然力不从心，在溜滑的打谷场上摔倒了,顺势在场地上打滚而且号啕起来。那女人扔下柴火笼飞跑过去,在滑溜的打麦场上跑起来闪动着两只胳膊,像是一种舞蹈。她没有扶起倒地打滚的女孩,一直冲到男孩跟前,一巴掌抽过去就把男孩打翻在地了。她随后转身走过来抱起女孩,另一胳膊挎上柴火笼走进土屋里去了。

他竟然大声喊起来,愚蠢你愚蠢!你是个愚蠢的妈妈!

男人喝住牛插住犁,慢腾腾走过去抱起男孩,也走进那间土屋里去了。

一头在套的牛站在打麦场上甩着尾巴。

土屋房顶的烟囱有灰色的烟冒出来。

他依然站在河堤上。几十年后,那个扯柴火打男孩抱女孩的愚蠢的女人肯定就变成那个放牧着七八只羊的粗硬的老女人了吧?那个受宠的女孩会不会成长为如那个写过两万多封回信的专栏主持人?

那土屋里暴起激烈的吵闹声,浑厚的男声和尖锐的女声。肯定那是关于应不应该打倒男孩的争执。他忽然想到她,如果把这幢远离人群的河滩土屋里的争论提到她的专栏上,她还会用他的"生命中的雨"这话来解释给这一对乡野夫妻吗?

三九的雨

这是我村与邻村之间一片不大的空旷的台地。只有一畛地宽的平台南头开始起坡，就是白鹿原北坡根的基础了。平台往北下一道浅浅的坡塄，就是灞河河滩了。我脚下踏着的平台上的这条沙石大路，穿过一个个大大小小的村庄，通往西安。

天明时雨止歇了。天阴沉着，云并不浓厚，淡灰的颜色，估计一时半刻挤拧不出雨水来。空气很清新，湿润润的，山坡上的麦子绿莹莹的，河川里的麦子也是莹莹的绿色。原坡上沟坎里枯干的荒草被雨浇成了褐黑色，却有一种湿润的柔软。河川北岸是骊山的南麓，清晰可辨一株树一道坡一条沟，直至山岭重叠的极处。四野宁静到令人耳朵自生出纤细的音响来。

前日落了雨。小雨。通常是开春三月才有的那种"随风潜入夜，润物细无声"的春雨。腊月初二（二〇〇二年一月十四日）下起，断断续续稀稀拉拉下到今天天明，让整个村子里的男女惊诧不已，该当滴水成冰冻破砖头的"三九"时月，居然是小雨缠绵。太过反常的天气给农人心里一种不祥的妖孽征候。这是我半生里仅见的一次"三九"的雨，以及不仅不冻反而松软如酥的土地。

我脚下这条颇为宽绰的沙石大路是一九七七年冬天动工拓宽的。与这条大路同时开工的是灞河河堤水利工程，由我任副总指挥具体实施的。那时，我完成这项家乡的水利工程的心态，与我后来写作长篇小说《白鹿原》时的心境基本类同，就是尽力做成一件事。

我第一次背着馍口袋从这条路走出村子走进西安的中学时，这条路大约也就一步宽，架子车是无法通行的。我背着一周的干粮走出村子时的心情是雀跃而又高涨的，然而也是完全模糊的。我只是想念书，想上城里的中学去念书，念书干什么等抱负之类的事，完全没有。我再三追寻记忆，充其量只会有当个工人之类的宏愿，而且这主要是父母供儿女上学的原始动机。在乡村人的眼睛里，挣工资吃商品粮的工人是世界上最幸福的人。我在初中二年级却喜欢文学了，这不仅大大出乎父母的意料，连我自己也感到奇怪。通常情况下，爱好文学是被视为浪漫而又富于诗意的事情，怎么会发生在一个穿粗布衣服吃开水泡馍的人身上呢？许多年后我把自己的这种现象归结为一根对文字敏感的神经——文学的兴趣由此而发端。书香门第以及会讲故事会唱歌谣的奶奶们的熏陶，只能对具备文字敏感的神经的儿孙起反应起作用，反之讲了也是白讲唱了也是白唱。

背着馍口袋出村夹着空口袋回村，在这条小路上走了十二年，我完成了高中学业。我记忆中最深的是十六岁那年遇到过狼。天微明时,我已走出村子五华里的一条深沟的顶头,做伴壮胆的父亲突然叫了一声"狼!"就在身旁不过二十步远的齐摆着谷穗的地边上,有一只狼。稍远一点,还有一只。我没有感觉到丝毫的害怕,尽管是我第一次看见这种吓人的动物;不是我胆大,而是身旁跟着父亲。我第一次感受父亲的力量和父亲的含义,就是面对两只成年狼的时候,竟然没有产生恐惧。我成了一个父亲的时候,又在这条几经拓宽的乡村公路上接送我的三个念书的孩子。我比父亲优裕的是有了一辆自行车,孩子后来也有了,比当年父亲步行送我要快捷多了。我和孩子再也没有遭遇狼的惊险故事。狼已经成为大家怀念的珍稀宝贝了。

我的一生其实都粘连在这条已经宽敞起来的沙石路上。我在专业创作之前的二十年基层农村工作里,没有离开这条路;我在取得专业创作条件之后的第一个决断,索性重新回到这条路起头的村子——我的老家。我窝在这里的本能的心理需求,就是想认真实现自己少年时代就发生的作家之梦。从一九八二年冬天得到专业写作的最佳生存状态到一九九三年春天写完《白》书,我在祖居的原下的老屋里写作和读书,整整十年。这应该是我最沉静最自在的十年。

我现在又回到原下祖居的老屋了。老屋是一种心理蕴藏。新房子在老房子原来的基础上盖成的,也是一种心理因素吧。这个祖居的屋院只有我一个人住着。父亲和他的两个堂弟共居一院的时代早已终结了。父亲一辈的男人先后都已离开这个村子，在村庄后面白鹿原北坡的坡地上安息有年了。我住在这个过去三家共有的屋院里，可以想见其宽敞和清爽了。我在读着欧美那些作家的书页里，偶尔竟会显现出爷爷或父亲或叔父的脸孔来，且不止一次。夜深人静我坐在小院里看着月亮从东原移向西原的无边无际的静谧里，耳畔会传来一声两声沉重而又舒坦的呻吟。那是只有像牛马拽犁拉车一样劳作之后歇息下来的人才会发出的生命的呼唤。我在小小年纪的时候就接受着这种生命乐曲的反复熏陶，有父亲的，还有叔父的，有一位是祖父的。他们早已在原坡上化作泥土。他们在深夜熟睡时的呻吟萦绕在这个屋院里，依然在熏陶着我。

这是一个不可思议的冬天。我站在我村和邻村之间的旷野里。

从我第一次走出这个村子到城里念书的时候起，父亲和母亲每每送我出家门时的眼神，都给我一个永远不变的警示：怎么出去还怎么回来，不要把龌龊带回村子带回屋院。在我变换种种社会角色的几十年里，每逢周日回家，父亲迎接我的眼睛里仍然是那种神色，根本不在乎我干成了什么事干错了什么事，升了或降了，根本不在乎我比他实际上丰富得多的社会阅历和完全超出他的文化水平。那是作为一个父亲的独具禀赋的眼神，这个古老屋院的主宰者的不可侵扰的眼神，依然朝我警示着，别把龌龊带回这个屋院来。

北京丰台。我从大礼堂走出来。《西安晚报》记者王亚田第一个打来电话。选举刚刚结束。他问我当选中国作家协会副主席后首先想的是什么。我脱口而出：作为一个作家，应该始终把智慧投入写作。

他又问：还有什么呢？

我再答：自然还有责任和义务。

我站在我村与邻村之间空旷的台地上，看"三九"的雨淋湿了的原坡和河川，绿莹莹的麦苗和褐黑色的柔软的荒草，从我身旁匆匆驶过的农用拖拉机和放学回家的娃娃。粘连在这条路上倚靠着原坡的我，获得的是沉静，自然不会在意"三九"的雨有什么祥与不祥的猜疑了。

2002年1月17日于原下

白鹿回到白鹿原

经过两年多时间的筹备，我们终于迎来了今天这个喜庆的日子，坐落于白鹿原上的白鹿书院成立了。今天有这么多的作家、艺术家、专家、学者和朋友，以及关心热爱文化发展的各级领导来参加我们白鹿书院的成立庆典，特别是从维熙、张贤亮、熊召政、张日凯等几位远道而来的朋友来参加这个庆典仪式，我感到非常高兴，我在这里向各位表示诚挚的谢意！

我在长篇小说《白鹿原》里曾写到一个书院，这个书院就叫白鹿书院。小说是虚构的艺术。《白鹿原》中的人物大都是虚构的，唯有白鹿书院的山长朱先生是有生活原型的，就是清末举人、著述甚丰的学人、影响很大的蓝田人牛兆濂。白鹿书院也有真实生活依托，就是牛兆濂先生当时主持的蓝田县的芸阁学舍。如果要追溯芸阁学舍的文化脉络，渊源可以追溯到宋代，芸阁学舍是在为宋代"关学"代表人物吕大忠、吕大防、吕大钧、吕大临所修"四献祠"的基础上，拓修为传道授业解惑的书院，鼎盛一时，曾有韩国留学生在此学习。2002

年，我和几位学者讨论一些问题时，有学者建议，可以在白鹿原上创建一个白鹿书院，承继中华文化的脉络，弘扬其优秀品格。创建白鹿书院的构想得到了社会各方人士的热心赞赏，西安思源学院周延波院长更是大力赞同积极支持，白鹿书院从而由构想变成了现实，白鹿终于回到了白鹿原上。

在我们传统文化乃至民族心理意识里，白鹿是吉祥、和谐、纯洁、美好和超凡的一种象征性图腾，上至王宫下至庙堂乃至民居宅院都有鹿的各种生动壁画和雕刻。以白鹿来命名书院，就是想创造一种和谐纯净的学术探讨和文化研究氛围，这种和谐与探究的精神与我们所要创造和谐社会的精神是一致的。

书院是教育和学术研究机构，同时它又是一种文化和精神的象征。我们办白鹿书院，第一，承继中国传统文化精华和风神秀骨，以白鹿书院为平台，广泛团结、联系国内外的学者、评论家和作家，开展游学、讲学、讨论等交流活动，让传统文化在现代化进程中焕发生机。白鹿书院诞生在古长安这块具有深厚文化底蕴的土地上，我们将会开掘源远流长的关中文脉、关学精神，探索促进传统文化向现代转型的新途径。第二，我们现有的这些人差不多都是从事文学和艺术创作及研究的人。文学和艺术只是大文化范畴里的一系，与社会、历史和人的生存形态，有非常紧密的关联，但只是一条途径，因此，书院的研究课题将对现实问题和人类普遍面临的问题，既从文学和艺术的角度，也从思想理论的角度，以及学术的角度进行研究和探讨，争取对我们的生活发展做出富于建设性的建树。第三，白鹿书院还会以文学和艺术为其特色，藏书、编书、教书、研讨、交流，从而对陕西、对西部乃至全国的文学事业发生影响，为促进和繁荣文学事业起到促进作用。

我们逐步开办白鹿书院网站，与陕西以及西北的文科大学联手，整合研究资源，确定研究议题，共同进行学术研究，争取与国内外文学界、学术界进行高层对话，让白鹿书院办成思想、文化交流的一条途径。

西安思源学院是中国十大万人著名民办高校，很有影响。白鹿书院依托思源而建，对双方都很有利。湖南有个岳麓书院，宋代理学家朱熹曾在那里讲过学，目前这所书院已是湖南大学的一部分，因而使湖南大学成了千年学府，提高了知名度。同样，办好了白鹿书院，将与思源学院互相促进，相得益彰。

我希望，白鹿书院能办成一个萃集各界贤达优秀思想的地方，一个能传承优秀的中国文化和传播时代新声的地方。

2005.6.28 曲江

—— *生活　写作* ——

我的秦腔记忆

在我最久远的童年记忆里顶快活的事,当数跟着父亲到原上原下的村庄去看戏。

父亲是个戏迷,自年轻时就和村子里几个戏迷搭帮结伙去看戏,直到年过七旬仍然乐此不疲。我童年跟着父亲所看的戏,都是乡村那些具有演唱天赋的农民演出的戏。开阔平坦的白鹿原上和原下的灞河川道里,只有那些物力雄厚而且人才济济的大村庄,不仅能凑足演戏的不小开销,还能凑齐生、旦、净、末、丑的各种角色。我们这个不足四十户人家的村子,演戏是连想也不敢想的事,我和父亲就只有到原上和原下的那些大村庄去看戏了。

不单在白鹿原,整个关中和渭北高原,乡村演戏集中在一年里的两个时段,是农历的正月二月和伏天的六月七月。正月初五过后直到清明,庆祝新年佳节和筹备农事为主题的各种庙会,隔三岔五都有演出,二月二是传统习惯里的龙抬头日,形成演出高潮,原上某个村子演戏的乐声刚刚偃息,原下灞河边一个村子演戏的锣鼓梆子又敲响了,常常发生这个村和那个村同时演出的对台戏。再就是每年夏收夏播结束之后相对空闲的一个多月里,原上原下的大村小寨都要过一个各自约定的"忙罢会"。顾名思义,就是累得人脱皮掉肉的收麦种秋的活儿忙完了,该当歇息松弛一下,约定一个吉祥日子,亲朋好友聚会一番,庆祝一年的好收成。这个时节演戏的热闹,甚至比新年正月还红火,尤其是风调雨顺小麦丰收家家仓满囤溢的年份。

我已记不得从几岁开始跟父亲去看戏,却可以断定是上学以前的事。我记着一个细节,在人头攒动的戏台下,父亲把我架在他的肩上,还从这个肩头换到那个肩头,让我看那些我弄不清人物关系也听不懂唱词的古装戏。可以断定不过五六岁或六七岁,再大他就扛架不起了。我坐在父亲的肩头,在自己都感觉腰腿很不自在的时候,就溜下来,到场外去逛一圈。及至上学念书的寒暑假里,我仍然跟着父亲去看戏,不过不好意思坐父亲的肩膀了。

同样记不得跟父亲在原上原下看过多少场戏了,却可以断定我那时候还不知道自己看的戏种叫秦腔。知道秦腔这个剧种称谓,应在上世纪五十年代中期离开家乡进西安城念中学以后,我十三岁。看了那么多戏,却不知道自己所看的戏是秦腔,似乎于情于理说不通。其实很正常,包括父亲在内的家乡人只说看戏,没有谁会标出剧种秦腔。原上原下固定建筑的戏楼和临时搭建的戏台,只演秦腔,没有秦腔之外的任何一个剧种能登台亮彩，看戏就是看秦腔，戏只有一种秦腔，自然也就不需要累赘地标明剧种了。这种地域性的集体无意识就留给我一个空白，在不知晓秦腔剧种的时候，已经接受秦腔独有的旋律的熏陶了，而且注定终生都难能取代的顽固心理。

在瓦沟里的残雪尚未融尽的古戏楼前，拥集着几乎一律黑色棉袄棉裤的老年壮年和青年男人，还有如我一样不知子丑寅卯的男孩，也是穿过一个冬天开缝露絮的黑色棉袄棉裤，旱烟的气味弥漫不散；伏天"忙罢会"的戏台前，一片或新或旧的草帽遮挡着灼人的阳光，却遮不住一幢幢淌着汗的紫黑色裸膀，汗腥味儿和旱烟味儿弥漫到村巷里。我在这里接受音乐的熏陶，是震天轰响的大铜锣和酥脆的小铜锣截然迥异的响声，是间隔许久才响一声的沉闷的鼓声，更有作为乐团指挥角色的扁鼓密不透风干散利爽的敲击声，板胡是秦腔音乐独有的个性化乐器，二胡永远都是作为板胡的柔软性配乐，恰如夫妻。我起初似乎对这些敲击类和弦索类的乐器的音响没有感觉，跟着父亲看戏不过是逛热闹。记不得是哪一年哪一岁，我跟父亲走到白鹿原顶，听到远处树丛笼罩着的那个村子传来大铜锣和小铜锣的声音，还有板胡和梆子以及扁鼓相间相错的声响，竟然一阵心跳，脚步不自觉地加快了，一种渴盼锣鼓梆子扁鼓板胡二胡交织的旋律冲击的欲望潮起了。自然还有唱腔，花脸和黑脸那种能传到二里外的吼唱(无麦克风设备)，曾经震得我捂住耳朵，这时也有接受的颇为急切的需要了；白须老生的苍凉和黑须须生的激昂悲壮，在我太浅的阅世情感上铭刻下音符；小生和花旦的洋溢着阳光和花香的唱腔，是我最容易发生共鸣的妙音；还有丑角里的丑汉和丑婆婆，把关中话里最逗人的语言做最恰当的表述，从出台到退场都被满场子的哄笑迎来送走……我后来才意识到，大约就从那一回的那一刻起，秦腔旋律在我并不特殊敏感的乐感神经里，铸成终生难以改易更难替代的戏曲欣赏倾向。

　　我记不得看过多少回秦腔戏了。有几次看戏的经历竟终生难忘。上学到初中三年级，学校在西安东郊的纺织工业重镇边上，住宿的宿舍在工人住宅区内。晚自习上完，我和同伴回宿舍的路上，听到锣鼓梆子响，隐隐传来男女对唱，循声找到一个露天剧场，是西安一家专业剧团为工人演出，而且有一位在关中几乎家喻户晓的须生名角。戏已演过大半，门卫已经不查票了，我和同学三四个人就走进去，直到曲终人散。无论从哪方面说，都比乡村戏台上那些农民的演出好得远了，我竟兴奋得好久睡不着觉。第二天早上走进学校大门，教导主任和值勤教师站在当面，把我叫住，指令站在旁边。那儿已经站着两个人，我一看就明白了，都是昨晚和我看戏的同伴——有人给学校打小报告了。教导主任是以严厉而著名的。他黑煞着脸，狠声冷气地训斥我和看戏的同伙。这是我学生生活中唯一的一次处罚……

　　二十多年后的一九八〇年，我被任命为区文化局副局长的同时，新任局长就是训斥并罚我站的教导主任。我和他握手的那一刻，真是感慨"人生何处不相逢"灵验了。从和他握手直到我离开这个单位，始终都不曾提及此事。他肯定不记得这件事了，他训斥过可能就置诸脑后了，又忙着训导另一位违纪的学生去了。不过，这个时候的他，已经半老，依然严厉的脸上总是洋溢着微笑，大笑的时候很爽朗。一张棱角严厉的脸无论畅怀大笑还是微笑，尤其生动感人，甚为可爱。

还有一次难泯的记忆。这是"四人帮"倒台不久的事。西安城里那些专业秦腔剧团大约还在观望揣摸文艺政策能放宽到何种程度的时候，关中那些县管的也属专业的秦腔剧团破门一拥而出了，几乎是一种潮涌之势。他们先在本县演出，又到西安城里城外的工厂演出，几乎全是被禁演多年的古装戏。西安郊区的农民赶到周边县城或工厂去看戏，骑自行车看戏的人到傍晚时拥满了道路。我陪着妻子赶过二十里外的戏场子。我的父亲和村里那几个老戏友又搭帮结伙去看戏了。到处都能听到这样一句痛快的观感："这才是戏！"更有幽默表述的感慨："秦腔到底又姓秦了！"这种痛快的感慨发自一个地域性群体的心怀。"文革"禁绝所有传统剧目的同时，推广八个京剧"样板戏"，关中的专业剧团和乡村的业余演出班子，把京剧"样板戏"改编移植成秦腔演出，我看过，却总觉得不过瘾，多了点什么又缺失了点什么。民间语言表达总是比我生动比我准确："这是拿关中话唱京剧哩嘛！"还有"秦腔不姓秦了"的调侃。

到上世纪八十年代中期，我的经济状况初得改善，便买了电视机，不料竟收不到任何节目，行家说我居住的原坡根下的位置，正好是电视信号传递的阴影区域。我不甘心把电视机当收音机用，又破费买了放像机，买回来一厚摞秦腔名家演出的录像带，不仅我把包括已经谢世的老艺术家的拿手好戏看了个够，我的村子里的老少乡党也都过足了戏瘾，常常要把电视机搬到院子里，才能满足越拥越多的乡党。我后来又买了录音机和秦腔名角经典唱段的磁带，这不仅更方便，重要的是那些经典唱段百听不厌。大约在我写作《白鹿原》的四年间，写得累了需要歇缓一会儿，我便端着茶杯坐到小院里，打开录音机听一段两段，从头到脚、从外到内都有一种无以言说的舒悦。久而久之，连我家东隔壁小卖部的掌柜老太婆都听上了戏瘾，某一天该当放录音机的时候，也许我一时写得兴起忘了时间，老太太隔墙大呼小叫我的名字，问我"今日咋还不放戏？"我便收住笔，赶紧打开录音机。老太太哈哈笑着说她的耳朵每天到这个时候就痒痒了，非听戏不行了……在诸多评说包括批评《白鹿原》的文章里，不止一位评家说到《白鹿原》的语言，似可感受到一缕秦腔弦音。如果这话不是调侃，是真实感受，却是我听秦腔之时完全没有预料得到的潜效能。

　　我看过、听过不少秦腔名家的演出剧目和唱段，却算不得铁杆戏迷。不说那些追着秦腔名角倾心倾情胜过待爹娘老子的戏迷，即使像父亲入迷的那样程度，我也自觉不及。我比父亲活得好多了，有机会看那些名家的演出，那些蜚声省内外的老名家和跃上秦腔舞台的耀眼新星，我都有机缘欣赏过他们的独禀的风采。然而，在我久居的日渐繁荣的城市里，有时在梦境，有时在一个人独处的时候，眼前会幻化出旧时储存的一幅幅图景，在刚刚割罢麦子的麦茬地里，一个光着膀子握着鞭子扶着犁把儿吆牛翻耕土地的关中汉子，尽着嗓门吼着秦腔，那声响融进刚刚翻耕过的湿土，也融进正待翻耕的被太阳晒得亮闪闪的麦茬子，融进田边沿坡坎上荆棘杂草丛中，也融进已搭着圆顶的太阳的霞光里。还有一幅幻象，一个坐在车辕上赶着骡马往城里送菜的车把式，旁若无人地唱着戏，嗓门一会儿高了，一会儿低了，甚至拉起很难掌握的"彩腔"，在乡村大道上朝城市一路唱过去……

　　秦人创造了自己的腔儿。

　　这腔儿无疑最适合秦人的襟怀展示。

　　黄土在，秦人在，这腔儿便不会息声。

2008.8.7 二府庄

自己卖书与自购盗本

一

已经是十余年前的事了，唯其刺激强烈印象也就深刻，所以至今不能忘记，这就是我第一次自家销售自己的书籍的事。

那年夏末初秋，关中地区依然暑热难耐。一天午后，一位长得颇为俊气的年轻人走进我在乡下祖居的屋院。他操着河南口音，自我介绍说是中原农民出版社的编辑，叫李明性，是来约稿的。

我很感动。我几乎同时产生了对不起人的内疚。我祖居的西蒋村离西安五十多华里，虽然有一路从市内通到郊区的公交车通达这里，而终点站却是设在一所军事院校的门前，离我家大约还有八华里的路程。我每次回作家协会开会或办私事，先骑自行车走过这八华里的土石公路，到军校门口熟人开设的商店或理发店放下自行车，然后再排队等待定时公交汽车进城。我自然会想到，李编辑在西安城里转车之后又乘上了通往我的家乡的远郊公共汽车，下车之后步行八华里才找到我家，其中的辛苦和真诚，就使我感动而又感佩了。

我在八十年代初调进陕西作家协会，搞专业创作。我当时的唯一感觉是我走到了人生的最佳位置，可以把心思和时间全部支配到我从少年时期就痴迷着的文学和创作上头来。我在欣慰和感到幸运的同时也感到了压力：如果我当了专业作家写不出作品怎么办？写不出像样儿的作品怎么办？因为作协专业创作的几个有限的名额是大家都关注着的。尤其令我不大自信的便是自己的底本，太浅太薄了。我没有机缘接受正规的大学中文训练，喜欢上文学之后所能阅读的大多是受着"极左"文艺思想支配的东西，更不必说"文化大革命"中文艺的怪胎了。我现在所庆幸的一点，就是我比较清醒地把握了自己，在取得专业创作资格的同时，决定回归老家，回老家求得一方清静去读书。开放的中国也开放了文学的诸多禁区，外国优秀作家的杰作潮涌一般摆上了中国所有新华书店的书架，我得努力阅读。通过阅读真正的文学作品，排解以往关于文学的种种谬误，尽快地接近真正意义上的文学本身。另外，我想坐下来，静静地像吃饱了草料的牛一样卧在荫凉下，回嚼二十年的乡村生活。是的，从一九六二年走出学校进入社会到一九八二年调入陕西作家协会搞专业创作，其间整整二十年，我都在自己的家乡西安市郊区的基层工作，对中国农村和中国农民的了解和生活演变，与那些挂职体验生活的专职作家艺术家自然就有诸多的不同了。这二十年的工作经历和生活积累，需要回嚼，需要消化，我想只有回到远离城市喧嚣的乡间，才可以做好。住到乡下祖居之地几年之后，清静果然是清静了，不具实际意义纯属应酬的活动也避开了，文坛上不可或缺的是是非非唧唧咕咕也回避了，然而却使那些有重要事情甚至诚恳扶助的朋友为找我而吃了苦费了周折。面对从大老远的河南辗转来到我家的李明性，真是感动而又内疚不已。

李明性供职的中原农民出版社出一套"中国乡土小说"，第一批包括古华等作家的小说集已经面世。我是被选定的一个，或短篇或中篇或中短篇混编都可以。这真是天上掉馅饼的好事。我的几个中篇（包括即将发表的）正好，可以编一本中篇小说集。我一一介绍了这几个中篇的内容，他均表示感兴趣。在我看来很不容易的出书的事，就这样意想不到地落到实处了。这是我的第三本短篇和中篇小说集，想来真是令人鼓舞。作品写出来能顺利发表又能顺利地结集出版，我觉得左邻右舍从墙头上弥漫到我家院子再灌进我的写作间的柴烟都是清香的，摆摇着尾巴钻到院子里来觅食的村人的猪和鸡都尤其可爱了。

照例，我只能端给亲爱的慈善如上帝一般的李明性兄弟一碗面条。这是任何陌生的或熟识的朋友到我家来的无可选择的待遇。我那时的两百多块工资和额外的稿费收入，维系着一家六口人的生计，尤其是一个念着中学和大学的孩子，寄宿学校又增加了学杂费开销。每当进入城市，便能听到作家收入低微的颇能激起我共鸣的议论,而且有欧美以及原苏联作家令人咋舌的高收入作参照。然而回到我的依然贫穷着的乡间,我的两百多块的月薪和"外快"式的稿费,却成为农村人羡慕的优厚收入。我清醒地知道我生活在一个临界上,我只是一个中国陕西的尚不走红的作家,用任何国家的作家和左右的农民作参照,都不大现实。一碗调了油炒葱花的手工面条对我是适宜的,对我的新朋老友虽有点委屈,也只能是在心里道一声将就将就了。李明性大概也是真饿了,吃得还很顺畅。似乎他也是农家出身,也是以麦子和玉米习惯了肠胃的,无什么挑剔。

我坚持送他到军校门口的公交车站,用自行车驮着他去。我不忍心让他再走八华里乡村土石路去赶汽车。没有酒肉款待,力气却是足够富裕的,骑车带人的技术也可以自信。这样,我便在自行车后座上载着亲爱的李明性兄弟在我家通往军校车站的乡村土路上愉快地奔驰了。

返回的路上,我才可以舒悦地算计这本书的特殊的经济意义了。我即将动手草拟长篇小说《白鹿原》了,预计三年内完成草稿和正式稿。这就意味着三年时间里要停止中短篇小说的写作了,补贴家用的"短平快"式的稿费收入也将断绝,两百多块的工资是很难支付孩子一年涨过一年的学费的。这本中篇小说集的如期(议定一九八八年)出版,三千余元的稿费基本可以应付孩子的学费了(那时的学费尚没有今天那么高)。这样,我就可以稳稳地坐在小书屋里只操心白鹿原上的白鹿家族里那一群人的生计了。

二

当时怎么也不会想到，这件美事后来每况愈下，直到把我陷入一种尴尬一种羞愧的境地。

明性来信说，书已编好，没有发生任何麻烦，只是提议用其中一部中篇小说的篇名《四妹子》作为集子的名字。我自然表示同意。

明性来信说，已经通过终审，封面和装帧正在制作中。因为是套书，封面有一个规定的体例，每一本只是变换色彩和书名的位置。我也很乐意遵守套书的共同的体例，不成问题。

明性来信说，已经开始征订。由他们向全国的新华书店发征订单，等待各家书店反馈之后汇总，这当然需要较长时间的等待。那时候尽管市场经济的理论刚刚提出，但未进入实施和转换，只是在报章和礼堂的报告中传播和讨论。图书发行还是从省店到县店的传统的计划经济形式，图书出版和发行的第二渠道还没有结胎。从明性兄弟到我家来议定此事到现在，我稍微在意的便是这个征订数字。这个数字对我来说才是关键，不是考虑经济利益（那时尚无版税），而是数字过少则难以付印。

终于等到了明性兄弟报告征订数的信，大约九千五百册。但同时告知，社里以为这个数字太不理想，准备再下功夫做彩色单页征订。我当时以为这个数字大可满足了，因为比我前两本书的征订数都要大。考虑到中原社的新打算，我表示同意，自然也希望印数能更大一些。于是又开始了关于征订的第二轮等待，期待一个好的消息。

明性兄弟再告知第二次征订数目的信读罢，我的心就收紧了，花了功夫费了钱财的彩色单页征订的结果，不仅没有期待的令人鼓舞的数字的上升，反而跌落到六千余册，真是令人不可思议的事。更被动的事也相继发生，第一次征订的九千余册的征订单合同因为超过了交货时间而作废，原定的一九八八年出版的计划也只好推移到来年。明性兄弟同时也告知了社里的应对措施，仍按第一次征订的九千余册的数字印刷，一九八九年出书。显然，这样的结果是谁也始料不及的。我在受挫的同时，更感动于中原农民出版社和责编明性兄弟的良苦用心。

中篇小说集《四妹子》，我的第三本书出版了。明性兄弟寄来了样书。在八十年代的总体印刷装帧的水平上，这本书的包装还是挺好的，绿色做底，整个封面上潜伏着"中国乡土文学"的若隐若现的字样。拿在手里，翻来覆去地看，有一种无限的欣慰。明性兄弟随之来信告知，由于图书市场的低迷和滞涩，社里面临亏本出书的风险，因之稿酬的付款将以书折价，共同分担风险和困难。我自然不会有意见，出版社赔钱为作者出书，已经是很难能的举措了，共同分担风险自然义不容辞。然而想到自己将要亲自销售自己写的书，一缕隐隐的尴尬就潜伏在心底了。

真正令人难堪的事是在书运来的时候。我和单位的司机从西安市邮电局一包一捆地把千余册书装上汽车拉回住宅楼下，再一包一捆地扛上四楼我的二室住宅房间。送走了司机，我一个人瞅着那一堆我的著作的时候，已经不再是尴尬和难堪，而是切切实实感到了难以启齿的羞愧了。我的出书的欣慰和面对劳动果实的幸福感全都没有了，甚至不想也不敢多瞅那一堆书，便匆匆地慌乱地逃离作协住宅小院，乘坐远郊公交汽车回到乡下的祖居老屋。

当时的心境有点近乎惨烈的感觉，甚至摧毁了我对自己继续从事写作这样一种职业的最基本的自信。

这本《四妹子》里收集的几部中篇小说，有的获得过刊物年度奖，有的发表出来时引起过几多评论，有的被《中篇小说选刊》选载过，所有这些曾经使我心里舒服过的事，现在都变成飘零的树叶一样毫无生气可言了。你可以得奖，你可以被选载，你可以被评论，甚至可以在文坛闹得沸沸扬扬，然而，一进入图书市场，读者还是不买你的书。出了文学圈儿，陈忠实是何许人也？《四妹子》是什么等级的货色？读者的冷眼便从根本上把什么奖什么好评的话全都扫荡了。想想中国有十二亿人口，接受过中学文化教育的人起码该有三亿或五亿吧？一本《四妹子》仅仅印刷九千余册，还得作者自己去推销，出版社还要积压，这样的作品还得奖，还转载，还得到好评，还有什么意思呢？这样的作品还有什么力量能支撑着你继续炮制出来？

此前一年我刚刚获得了一级文学创作的职称，增加了工资,我也曾经欣慰过,现在都变成一种讽刺了。一级作家写的书没人买没人读,我还怎么津津于作家这个头衔呢?我的老师我的同学我的亲友我的过去一起工作的同事,每当不期而遇或有约相聚,每每都赞许我的毅力我对文学的追求终有所成,尤其是为母校为朋友甚至为祖先争了气争了光云云。我也曾经以谦虚言语作答时确实感受过一种被人尊重的自慰,不无得意。然而在读者面前,我现在才真切地感觉到了羞愧:这样的一级作家,还有什么力量能支撑着你在老师在同学在亲友在同事面前再表现不无得意的谦逊?

这样的尴尬和羞愧终于转入冷静。尴尬也罢,羞愧也罢,都是以前写的《四妹子》造成的我的心理威压,毕竟可以推诿为昨日的羞愧。更揪心的是手头正在写作着的第一部长篇小说《白鹿原》,如果遭遇同样的结局,一面让出版社赔钱出书,一面再让我沿街叫卖,我可能不会再发生羞愧或尴尬,而是目下根本就无法再把这本书写完。道理太简单了,你写书写得劲头兴味十足,写出来没人买没人读,那么写这样的书还有什么意思?对于《白》书的写作便陷入了一种不自信的心态,这是从最初产生构思经过两年准备再到正在写作过程中的第一次灾难性的心理障碍。这样障碍重重的心绪是难以写出理想的文字的,便索性停住。

关于文学和小说创作的原始意义的反省和理解便自然开始了。

促进这种反省的还有一件关于父亲的往事,这时居然也从记忆的脑底浮上面来。那是一九八一年的春天,父亲查出了食道异物，托熟人住进医院而又被推辞出来。七十六岁的老人是经不住那一刀的，于是便接受一位中医治癌名家的救治，每周一次，每次提回七包中草药每天熬煎服用。为了每周一次的这种往返的方便，我把父亲接到我当时供职的灞桥文化馆里，出门不远便是公交汽车站，较之我的老家进城的距离缩短了大半。父亲对这种病似乎不像儿女们那样忧心忡忡，治病也治病，服药也听从医嘱按时按量服药，且表现得平静而坦然，不见慌乱，也不提出任何要求，每天到灞桥古镇上去散步去逛街，在那些刚刚兴起的个体手工业者的小摊儿前闲聊，一把锄头一双大门上安装的铁门环的时价，他仍然兴致勃勃。有一天，他对我说，听说你现在写作都有些名气了，我还没看过哩，拿些给我看看。以往，我很少给父亲看我发表的小说特写之类，我就把我发表过的短篇小说，包括得过全国奖和报刊奖的都端给他了。那时候我刚刚编完平生的第一本书，定名为《乡村》，正在陕西人民出版社邢良俊同志的案头审阅着哩，尚无一本属于我的单集拿给父亲。

　　两天过后，父亲把那些刊发有我的小说的杂志和报纸交给我，不好意思地说，你还是给我找几本古书吧！我当时心里就凉了半截，父亲并不喜欢我的小说又不好挫伤我写作的兴趣。我从文化馆图书馆给他借了一套《明史》，他就或坐或躺在床上戴着老花镜读起来，除了吃饭上厕所，就那么读着。我当时就回忆起从小见惯的这种姿势，雨天和冬天的不能下地干活儿的日子，父亲躺在祖居的土炕上，头下枕着一块他自己从灞河滩上捡回的方方正正的河卵石，读着书页残断的《说岳全传》《七侠五义》《三国演义》等古董。我当时把这种情况做了一个有利于自己的解释，父亲是一位读过私塾的能写一手毛笔字会打算盘的农民，自然与现代白话文的审美有距离了。我并不太在乎父亲对我小说的冷淡，有奖项和不少的评论支撑着我的自信，继续写着我的小说。现在，我在反省我的写作的时候，父亲的往事也形成一种威压了。

作家为什么要写小说？小说这种文学形式最初产生的诱因和最基本的功能是什么？小说是写给谁的？小说无论在中国在东方还是在西方国家，为什么历久而不衰，凭什么活着？

这显然是被逼入羞愧境地的我关于小说写作的内反省。从当年文坛上关于各种主义和流派的气氛活跃的争论里退入小说创作的原始意义的反省，就变得单纯明晰起来。作家之所以写作，就是要把自己关于现实和历史的体验用一种自以为美妙的艺术形式表述出来，与读者进行交流。这种体验从生活层面的体验进入到更深一层的生命层面的体验，而表述的形式也是由艺术的表现和艺术的体验显示着差异的。无论生活体验抑或生命体验，致命的是它的独特性，是唯独自己从现实生活历史生活以及自身经历中所产生的独有的体验。独有的体验注定了体验的独特性和独到之处，从根本上就注定了某部（篇）作品的独立个性，自然不会重复别人也不会重复自己，这是中外古今作家的所有杰出著作的最根本的成因。

读者为什么要读小说？现代娱乐方式的丰富和便捷为什

么不能取代小说？通俗的畅销书且不说它，意蕴深刻的雅文学中的小说杰作同样以几十万几百万发行销售，而且以多种文字翻译传播到各个国家和不同习性的民族之中。人们阅读小说，就是要享受电影电视所感受不到的文字的乐趣，通过阅读验证自己的生活体验，领悟自己尚未领悟到的属于作家的独到的体验。如果说作家的体验是肤浅的，甚至低于读者的体验，读者为什么要读这样的小说呢？读者的拒绝阅读，自然是作家的悲哀，因为作家写作的原本意义——与读者的交流无法完成。

作家靠独特的体验（生活的生命的和艺术的）创作小说。读者才是作品存活的土壤。

从这个意义上反省，我终于从《四妹子》自销的羞愧境地重新爬出，重新审视案头正在操作着的《白》稿，审视《白》的全部构思和表述形式，包括读者直观的文字。

我后来总是想到自销《四妹子》的羞愧造成的挫伤对促成我反省的决定性意义，尤其是在第一部长篇《白》书写作的关键时刻发生。我也想到了蒋子龙先生十余年前的一句名言：与其对反映生活的作家发怒，莫如去改造生活（大意）。我把子龙兄的博大的意蕴缩小到我的写作，与其抱怨不欣赏自己作品的读者水平太低，莫如反省自己到底给了读者什么货色。

三

《白》书终于完稿了。那是农历一九九一年腊月末的一天下午，写完以鹿子霖死亡作最后结局的句子，我似乎没有激动，站也没站起来，依然坐在那只小竹凳上，把钢笔顺手放到书桌和茶几兼用的小圆桌上，顿时陷入一种无知觉状态。久久，我从小竹凳上欠起身撅起屁股移坐到挨着后腰的沙发上，似乎有热泪涌出，可能为自己，也兼着为一个被我尽情诅咒嘲弄的生命的悲惨结束。一年后记者采访问及画上最后一个句号时的感受，我说似乎从一个悠长的隧道摸着爬着走出来，刚走到洞口看见光亮时，竟然有一种忍受不住光明刺激的晕眩。这是真实的，准备了两年，写作了四年，六年里，我与一个世纪前的白鹿原上的男女走过漫长的历史隧道，把他们从母腹中接生出来，再一个个送进坟墓——以他们各自不同的告别世界的方式。白鹿原解放了，编造《白鹿原》故事的我也终于解放了。

白鹿原人四十余年前欢庆解放的方式是集会，放炮放铳子敲锣打鼓扭秧歌；我的庆祝方式便是尽快离开这间囚牢似的小书房，到灞河边上去舒展一下腰腿。我走出屋院下了塄坎到了河滩里。几年来，我无以数计有多少次沿着这条路走向灞河，今日往上游走，明日朝下游转，风雨霜雪，四季转换，都在我眼里一轮又一轮地变幻着，从来也没有这个冬天的傍晚的散步令人轻松舒悦。冬季枯水季节的灞河，沙滩尤为开阔，没有技能的那一类笨拙的农民只好靠下苦力挣钱，撑起一张铁丝编织的罗网，过滤建筑用的砂石出售给那些建筑单位。我从他们旁边走过，打一声招呼，有的许是因为这种单调而费力的劳动太寂寞,故意对我说几句打诨的话。我无法告诉他们,我刚刚干完了一件活儿,那活儿颇类似这种过滤砂石的劳动,一串串从罗网上滚落下来的石子,恰如我写在稿纸上的一行行方块汉字。

我一直沿着河堤走出十华里,那儿是河堤的堤首工程,河水拐了一个大弯,直抵南岸的坡根,路就绝了。冬天依然有小巧的水鸟在沙滩上嬉戏。我转着走着,看夜幕一道一道笼罩下来。一天又尽了,无论如何在我是一个难以忘记的日子。返回的路上,我总觉得无以抒发心中的那种解脱负累的愉快,在点着一支烟的同时也点着了脚下的茅草。河堤上长着绿毡似的茅草,干旱的冬季里见火即燃。河风从西边吹过来,欢跃的火焰就顺着河堤向东蹿去,蔚为壮观。我在看着那忽起忽落忽高忽低的自由恣肆的火焰的时候,胸腔里终于鼓动起来了。

回到家中,我打开了屋里所有的电灯,把一只大灯泡挂到小院的一棵花树枝杈上;打开了那台一直陪伴着我的小录音机,放开了秦腔名家的唱段,我开始为自己煮一碗面条。

总算结束了,无论成功与失败。成功的结束自然是我的期待,值得以这样的方式庆祝;失败的结束,也值得庆祝,因为毕竟是结束了。无论最后的结局如何,完结了就该这么放一把野火听几段秦腔喝几盅西凤酒吃一碗面条了,自己为自己六年的行程的完结庆祝一回。

说不关心《白》的结果是虚伪的,是酸溜溜的清高。前头所说的那种心态是短暂的,是刚刚走出隧道刚刚卸下负累刚刚放下钢笔的感觉，短暂到只有半个下午和一个夜晚。第二天早晨起来就开始担心这部书出版的可能性，以及出版以后的读者反应或根本出版不了，当如何过后半生的日子。

其实在接近写完的时候就已经想着这个结局了。妻子曾经问："如果出版不了怎么办？"我毫不含糊地说："我来养鸡。"

如果不是因为非文学因素的制约，而纯粹是出于文学本身的审视而不够资格出版，我就打算中止写作这种职业。我想我能办好一个养鸡场，即使最科学的养鸡技术学起来绝不会比写小说更复杂。我想我出售一筐一筐鸡蛋的感觉，肯定要比自己销售《四妹子》一书更坦然更自信，起码不会陷入尴尬和羞愧。我已经挂上五十岁了，到这个年龄写出的小说还令出版社作难又赔钱，还得自个儿去推销，难道真要如范进一般迂腐到发疯吗？我想把文学只是当作一种爱好，当然也不是说一声丢开就可以丢开的，毕竟追求了大半生了。但得把位置调换一下，把专业写作重新摆到业余的位置上来，把养鸡摆到主业的首要位置。在一片此起彼伏的母鸡下蛋的叫鸣声中，我可以继续欣赏艾特玛托夫、海明威、马尔克斯们的温柔的情怀和优美的文字。况且，也该改变一下家庭的经济状况了，创作那一碗饭因为自身能力不济而吃不饱，该当找到可以吃饱的另一碗饭，这是很简单的道理。鸡族里头偶有一种只会下软蛋的鸡，也许是缺钙，也许是这一只鸡自身的生理缺陷，生下的蛋没有硬壳，只有一层薄薄的软皮包着蛋白蛋黄。这种蛋无法上市，只能自家食用。我销《四妹子》的最道不出口的感受，就把自己归于类似于这种鸡的作家了。

我如约给人民文学出版社何启治兄写了信,报告长篇已经写完,询问书稿是邮寄我送还是他取?回信说将派人来取稿。高贤均和洪清波两位按约定的时间到达西安。我在把那一摞装订整齐的手稿交给他们时,鼻腔有点发酸,涌到口边的一句话还是咽了回去。那句话是:我连生命都交给你们了。想到这话可能有副作用,会使他们感到压力,也想到作品毕竟不是靠吃了多少苦费了多少时辰而判断优劣的。之后我便进入一种闲适的等待的日子。按照惯例,长篇出版需经过三级审稿,这部五十万字的书稿,单是阅读也需要两个月。既然我的打算和主意已确定,审阅结果只是决定我的两手准备中的一种,所以还可以说处之泰然。

意料不及的是,从交出稿件到收到高贤均先生的第一封表态的信,刚刚二十天。信里说到他和洪清波离开西安赴四川的火车上和在四川开会的闲暇里先后读完了书稿,回到北京的当晚便给我写了这封信。恕我略去高贤均信中关于《白》稿阅读评价的内容,而我的第一反应却是:我可以不去养鸡了,上帝!

《白》文分两期在《当代》连载。一九九二年年末的第六期刊出时,我到临近的一家邮电局去购买,售书的人说已经售完本期《当代》。这家邮局每期只定售十本,这期是卖得最快的。我赶到市中心的邮电大楼去,那里每期定售四十本的《当代》也已告罄。售书的人说,这期发了一篇《白鹿原》,卖得特快,而且许多人已经预订了下一期刊物。她拿出一页登记着预订者名字的纸条，问我要不要登记预订。我看了那纸条上预订者的名字和单位，没有我认识的文学圈里的熟人，也几乎没有纯文学单位里的人。我大为欣慰，《白》书将从此进入真正的普通读者之中，《四妹子》自销的尴尬和羞愧的阴影现在才开始被扫除被驱散。

此前，《白》文在《当代》面世前，我在《陕西日报》文艺部主任田长山家里共同炮制一篇消息稿，即告诉尚关注我的长篇的朋友一个准确的消息。那篇书讯式的消息稿大约不足一百字，我们两人抠来敲去弄了一个小时，不要自吹亦不敢溢美，甚至连创作的艰难过程也索性不提，内容简介简单到无法概括的地步。最终就只是一则书讯，平实简约的书讯，目的就是告知《白》文发表和出版的时间。我唯一自己出马为自己张扬的就是这一则书讯，自信不属于过火的炒作和运筹。

《白》书面世后的评论恕我不提。

《白》书于一九九三年七月在西安首次发行销售，十日后盗版书就摆在书摊报亭里。人民文学出版社却是与我一样估计不足，初版征订约一万五千册，已经大为鼓舞，现在才手忙脚乱地加印，从一九九三年六月第一次印刷到十一月连印七次，最终被各种盗本堵住了销售渠道。更具讽刺意味的是，一年后的秋天，我到汉中参加陕西作协举办的"散文笔会"期间，汉中的朋友说市里某几位领导想要我的签名书。我在汉中的大街小巷转了半天，终于在一间私营小书店里找到仅存的两本《白》书，而且是我从来未见过的分作上下册的盗版本。我买了下来，就在空白处填写上了购买盗版本的自我调侃的话。此前我是坚决拒绝在盗版本上签名的，使许多读者朋友扫兴。随后我就开了此禁，盗版本照签不误。读者是无辜的，我是无能为力的。我倒有了阿Q式的自慰，总比自销《四妹子》心里要好受些。

更具讽刺意味的一件事发生在一九九六年九月。江苏常州市新华书店约我去签名售书，同去的还有张抗抗，她的《爱情画廊》正销得火爆。我九时到书店，门外已排起一列长队。签名过程中，有人把一本《四妹子》递到我的眼前。我拿起一看，封面上有一个古典式的传统美女的头像，版权页上的各条各款均是中原农民出版社的原版。我起初以为是李明性兄弟将此书重版再印了，细细翻阅之后就有了疑问，印刷和装帧十分粗劣，便怀疑为盗版本，我问那位读者从何处购得此书，他说就是我坐着签名的书店。我不再问，心平气和地为他签了名，我向邀我来常州的市新华书店老板老陈问及此事，他大为惊讶，不知此书为盗本。我说我也不知。我向老陈讨了两本作为纪念品带回西安。随之给明性兄弟写信询问，他说未做再版，亦不知《四妹子》有盗版本行世。

我终于从尴尬和羞愧的阴影走了出来。

1999年1月13日于丈八沟

何谓良师
——我的责任编辑吕震岳

大概是七十年代末的最后一年的初夏,关中平原正勃发着一年四季里最迷人的景致,复苏的中国文学界亦如这自然界的景致一样撩拨着新老作家们的创造欲望。那时候,我去刚刚恢复不久的陕西作家协会参加一个什么会议,认识了吕震岳先生,直到今年春天我去他的灵堂前点燃一炷紫香,无论如何都抑止不住涌流的泪水了。

那次会议即将结束时,吕震岳来到我住的房子。"你是陈忠实吧?"问过我的名字又自报家门,"我是吕震岳,陕报文艺部的。"我便让座倒水,尤其是对一位年长于我的头发已显得稀疏的老编辑,因为头次见面,愈是礼仪敬重。他坐下后没有寒暄和客套,直接谈明来意,约我给陕报文艺版写篇小说:"你以前的几篇小说我看过,很不错,有柳青味儿。"我便应诺下来。他又叮嘱说:"一版顶多只能装下七千字,你不要超过这个数就行。"说罢就告辞了,干脆利索。

我那时候的心态刚刚调整过来。三年前的一九七六年春天,刚刚恢复的《人民文学》约我到北京参加一个写作笔会,我写了一篇适应当时反"走资派"的小说在该刊物上发表了,引起较多反响。随着"四人帮"的倒台和在一切领域里的拨乱反正,我在社会政治领域里的巨大欢欣与在写作上的失挫,形成剧烈的心理冲突,直到一九七八年的冬天,仍然陷入在真实的又不想被人原谅的羞愧之中。记得我当时正在灞河河堤的会战工程中领工,我和指挥部的同志住在河岸边土崖下的一座孤零零的瓦房里,生着大火炉睡着麦秸铺。正是在被春汛严逼压迫着的紧张的施工过程中,我先后读到了两篇记忆犹新的短篇小说,先是发表在《人民文学》上的陕西青年作家莫伸的《窗口》,后是被后来公论作为新时期文艺复兴潮声的刘心武的《班主任》。莫伸比我年轻许多而刘心武和我同龄,然而都是崭露头角的文学新人,都是从刚刚解冻的文坛土壤里蹿出来的惹人眼目的新苗。我读着这些优美的小说不由得联想到自己的失挫,更深地陷入羞愧之中,便把全部激情都转移到我所指挥着的河堤工程上。

直到这个工程完工的一九七八年秋天,我便调入西安郊区文化馆。我再三地审视自己判断自己,还是决定离开基层行政部门转入文化单位,去读书去反省以便皈依文学。郊区文化馆在小寨,有两处办公用房,一处在小寨俱乐部的小楼里,住着大多数文化干部和文化领导,另一处是"文化大革命"前的老文化馆所在地,全部是平房,已破落残损,有三四位干部挑着好点的房子住着,院中荒草尽兴地繁衍着。我便选了东南角一间空房，把一卷铺盖卸下来，掉下来的半张顶棚的苇箔经民工重新搭吊上去，残留在墙上的黑墨标语被我用报纸糊住了……我便坐下来读书。窗外是农民的菜地，生长着日见膨大的白菜，白菜地的畦梁上插长着绿头萝卜，也是日渐粗壮着。我从早读到晚，或借或买，图书馆里获得解禁的小说和刚刚翻译出版的国外的即使获过诺贝尔奖对我们却陌生的大家名作，一概抱来阅读。目的只有一点，用真正的文学来驱逐来荡涤我的艺术感受中的非文学因素。"四人帮"可笑的"三突出"创作原则因为太离谱姑且不论，十七年里"极左"的文学创作的理论和思想，都不是真正意义上的属于文学自己的因素，是强加以至强奸文学的非文学因素。对于非文学因素的荡除和真正的纯文学因素的萌生，对写作者来说，用行政命令是不行的，只有用阅读真正的文学作品来荡除，假李逵只能靠真李逵来逼其消遁。

我的自我审视和自我选择在我的感受里是正确的。阅读使我进入了真正的五彩缤纷的小说世界，非文学的因素基本被廓清了，我才觉得我正临门属于真实的文学的殿堂。信心也恢复了，羞愧的心理得到了调整，创作的欲望便冲动起来。直至今天，我依然难忘一九七八年的那个自虐式的阅读和反省的冬天，每每经过翠花路看见历史博物馆的漂亮建筑群，我便想到我曾居住过的那间房子和窗外的菜地，但现在都荡然无影了。一九七九年春节过后，我在那间小房子里重新开始写作小说了。正是在我刚刚涌起新的创作激情里，我遇见了吕震岳，他向我约稿。

我十分珍惜吕震岳的约稿,同样是那个羞愧心理的继续。那篇反"走资派"小说所产生的对我的看法,仍然是我的神经最敏感的因素,因而对那些依然还约我稿的编辑,更多的是一种被信赖被理解的感遇之恩了。由是,便想着应该尽力写好一篇小说送上,不致使这位初次见面的长兄失望。然而正在构思中的一篇小说篇幅较大,原计划给《人民文学》的,不怕长,便想着写完这个短篇之后,接着为陕报老吕再写,七千字是一个不能突破的限制。这时候,接到吕震岳一封信,信皮和信纸上的字,都是用毛笔写的,字很大,虽称不得作为装饰和卖钱的书法,却绝对可以称作功夫老到的文人的毛笔字。内容是问询稿子写得怎样了,一月过去了怎么没有见寄稿给他。我读罢便改变主意,把即将动笔要写的原想给《人民文学》的这个短篇给老吕,关键是怎样把原构思的较大的篇幅压缩到七千字以内。如果就结构而言,这个短篇是我的短篇小说中最费过思量的一篇,及至语言,容不得一句虚词冗言,甚至一边写着一边码着纸页计算着字数。写完时,正好七千字,我松了一口气,且不说内容和表现力,字数首先合乎老吕的要求了。这就是《信任》。

稿子写成心里又有点不踏实,主要是内容。这篇小说写一位挨整受冤的农村基层干部,以博大的胸襟和真诚的态度对待过去整他的"冤家仇人",矛盾甚至很尖锐。写成后我又有点踌躇,当时正是伤痕文学如苦水怒潮般汹涌,控诉祸国殃民的"四人帮",社会生活中亦是平反冤假错案刚刚激起社会各阶层强烈反应的普遍性情绪,围绕着"四清"运动的矛盾,农村社会的新的矛盾和社会心理也很尖锐和复杂。这篇小说以这样的人物出现,会不会引起误解?我一时拿不定主意,就带着稿子去找老朋友张月赓,让他给看看,以较为客观的眼光给我把握一下。

张月赓还住在西安晚报社的两层简易居室里,一大间屋子没有隔间,既是卧室也是书房又兼着会客用。部队作家丁树荣已先在座,见面自然都很高兴。我说了事由,便拿出刚刚写完的稿子,二人连续着读了,对我申明的担心以为是多余。丁树荣很热情,说他和老吕很熟悉,正好还要去找老吕,可以替我捎带上稿子。我就把稿子交给丁树荣,夹没夹一纸给老吕的短笺已经忘记了。我第二天就下乡参加夏收劳动去了。

从把稿件交给丁树荣那天起,恰好一周时间,《信任》便在《陕西日报》的文艺版面上刊出了,时间是一九七九年六月三日。这是我自有投稿生涯以来发表得最快的一篇作品。我听到了我周围的熟识的行政干部的议论,尚不敢完全轻信,以为可能有更多的鼓励的因素。又过了大约不足半月,我刚刚从乡下参加夏收劳动归来,又接到吕震岳一封信,意思说作品发表后引起普遍反响,已收到不少读者来信,让我到报社去看看那些读者来信的评说。

我心里便有点按捺不住,骑上自行车绕大雁塔那条路奔东大街的陕报去了。似乎是一种潜意识,我尤其看重读者的反应，想听听文学圈以外的各个阶层各种职业的读者的评说，直到今天依然是这种心理。这应该是我第二次和吕震岳见面，老吕对我似乎已经是老早的熟人一样随意了。记得我见他第一面留下的最深刻的印象，便是他说话的高嗓子大调门。这回在他的编辑桌旁，不仅依然着这种说话，笑声同样是高腔大声，用畅快用爽朗这些词来形容似乎总不到位。他的情绪很兴奋，完全是一种编发了一篇引起普遍反响的稿子的由衷的快慰。他一边给我述说着丁树荣怎样捎稿给他，他读后的感觉和抓紧处理稿子以促使其尽快见报；一边用右手频频做着手势。我是深深地被感染被感动了的。一个职业编辑，一位长我起码十岁的老兄，毫不掩饰他的兴奋之情，像年轻人一样手舞足蹈着高声叙说着哈哈大笑着，给我一种赤诚热心而不无天真的强烈印象，他随之把一摞读者来信取出来交给我，感慨地说，看看，刚发表十来天，来了多少信说这个作品。

我一封一封读着那些从全省各地发往报社的信，禁不住眼热欲泪。不完全因为他们对我的一篇小说说了怎样的好话，更多的是我太需要他们对我的"信任"了。因为那篇写反"走资派"的小说造成的不良影响，我企图以新的创作来挽回，挽回那些可能弃我而去的读者，重新建立我和读者的真诚的信赖。那一封一封热情洋溢的信向我证明了最基本的这一点，正是我最心虚着企望充实的一点。然而其中有一封信，以不屑的口气评说《信任》，更以不屑的口气讥讽着我，说我在"文化大革命"期间写过适应时风的小说，现在又倒过来写什么《信任》,等等。我以为他说的是基本客观的事实,他肯定读过我过去写的几篇以阶级斗争为主调的短篇小说。不屑的讥讽的口吻不是批评的关键,亦可促使我更进一步作人生和文学的反省。这些信后来由老吕选发了三篇,在《作者·读者·编者》专栏里,我也看到了。有趣的是,十五六年后,我躲在渭南一家招待所里写几篇应急的短文,有天晚上宾馆(招待所)经理来和我聊天,说那三篇被选发的读者来信中,有一篇是他写的。他写那篇读后感式的信的时候,正在渭南地区所辖属的一个县的水利局工作,接近基层农村,强烈地感觉到,因为几十年阶级斗争扩大化给许多无辜的群众和优秀的基层干部造成的伤害,在实施平反冤假错案的过程中,又出现了新的矛盾和对立,甚至出现简单的个人之间的报复行为。他对这篇小说里的主人公对待同类矛盾的襟怀十分感动,以为是化解阶级斗争造成的人为矛盾的有远见的途径,忍不住便写了那封信。其实,他平素只是喜欢读书看报,并不搞写作,后来几经工作调动,现在已是这家宾馆的经理了……听来真是令人感慨系之。

至今依然记忆犹新的是,由丁树荣把稿子捎给老吕之后,我就到西安北郊的一个生产队参加夏收劳动去了。按当时干部下乡的习惯,自行车后架上捆绑着被褥卷儿,车头上的网袋里装着洗漱用具。大约十天或半月的下乡期满回到郊区文化馆里,《信任》已经发表多日,我在紧如救火的夏收劳动中尚不得知。回到馆里之后才看到发表《信任》的版面,"信任"两字是某个书法家的手书,有两幅描绘小说情节的素描画作为插图，十分简洁又十分气魄，看着看着就觉得眼热。这是我第一次在《陕西日报》文艺副刊上发表作品，但不是处女作，此前已经有为数不少的小说散文在杂志和报纸副刊上发表，按说不应该有太多太强的新鲜感。我不由自主的"眼热"，来自当时的心态和更远时空的习作道路的艰难。当时的心态已如本文开头所叙的反省和调整，这篇小说的发表无疑给我以最真实的也是最迫切需要的自信。更深层的感慨发自此前十八年给《陕西日报》的一次投稿。

一九六一年，正是后来被习惯称作"三年困难时期"最困难的那一年，我正在读高中二年级，无法化解的饥饿折磨着几乎所有人，尤其是正处于生理生长最活跃的中学生。市教育局为保护处于这个不幸年代的学生，采取了非常措施，取消晚自习自然也就取消一切作业，实行"劳逸结合"来对付饥饿，老师只需完成课堂授课而不再批改作业，学生只需接受老师的讲授而不再去做任何科目的作业题，消耗热量的体育课干脆废除不上了。我突然发现空闲的时候太多了，空闲得令人反而不习惯起来，自然就把课余的时间和精力全都用到阅读和写作这个爱好上头来。我和我的同样爱着文学的朋友常志文，找到了一个既省钱又能读到新书的办法。每天晚饭后，我俩悄悄溜出学校后门，抄田间近路步行到距学校十余华里的纺织城商场，直奔书店。靠在装满各种书籍的书架立柱上，抽出昨天正在读着的那本书继续读下去，直到大约九点或九点半钟商场统一关门，我再最后看一眼正在阅读着的页码，合上书装进书架然后离开书店。那时候没有"微笑服务",更没有礼宾小姐站在门口躬身欢语"欢迎光临"的礼仪,却不拒绝如我一类无钱买书的人连续阅读自己感兴趣的书。我和我的朋友便从来时的小路再走回灞河岸边的这所由孙蔚如先生创办的中学,我俩关于阅读心得的交流一直继续到校门口才收住。上床睡觉以前,先喝一大碗盐水哄自己入眠,因为饥饿早已搅得肠胃疯狂起来。在往来二十余华里的疾步运动中,本来就没有吃饱的晚饭早已被消化光光了。这样的课余活动的运动量和对热量的损耗,可能远远超出了做作业和一周只有两节的体育课。

同样在这一段没有功课压力的轻松日子里,我和常志文、陈鑫玉三位文学爱好者组织起来一个文学社。苦于喜欢文学而总是找不到创作的门路,文学社就被命名为"摸门小组"。仅这个名字就可以看出我们当时对于创作的心境和情态,不无猴急和彷徨。成立文学社的同时决定创办文学墙报,名字定为"新芽",不无才露尖尖一角的小荷的含义。这是一个纯文学的墙报,不是那种为纪念各种重大节日所办的壁报。"新芽"发表小说、散文和诗歌,必须是文学社成员自己创作的,当然也欢迎同学投稿。

创刊号上,刊登了我的一篇散文《夜归》。陈鑫玉鼓动我把这篇散文投给报刊,我缺乏勇气,终未敢把它投出。我的朋友却把它另写下来,寄给了《陕西日报》文艺部。大约不到一月时间,鑫玉某天从家里来就兴奋地告诉我,说报社来信了,他兴奋激动的表情,自然传递给我某种希望,某种侥幸混合着的急切心理。信的内容是肯定了这篇散文的长处，也指出了缺陷，关键词是让我修改一下，尽快寄去。我到此刻才真正地激动起来，似乎真的就要"摸"到那个神圣而又神秘的"门"了。我很快做了修改，又寄出去了，此后便开始了急切而又痛苦的等待。等待来信通知一个几乎让人不敢奢望的消息。等待中天天到学校的阅报栏去看《陕西日报》，自然是发表文艺作品的第三版。这是我创作生涯中发生的关于投稿的第一次等待，第一次感受那种企望和失望交织着的急切和焦灼的心情。奇迹终于没有出现，我在随之到来的高考的紧张准备中把此种情绪排挤开去。

结束高中学业，高考名落孙山，我在最初的别无选择的痛苦中回到家乡，被公社选拔为民办老师，这才真正开始了我的业余文学创作。次年春天，我重新把《夜归》做了修改，再次投给《陕西日报》，不久又来了信，肯定了长处也提示了不足，仍然让我修改后再寄去。我又一次陷入期待的焦灼之中。久久的等待中，我终于忍耐不住，借着学校到西安举办什么活动的机会，找到了社址设在东大街的《陕西日报》。我在报社门口踌躇着趑摸着，想不出进入报社文艺部该怎么开口的措辞，自卑和羞怯的浓雾挥斥不开。我终于硬着头皮走了进去，看见文艺部的几张办公桌前坐着几位编辑，我朝门口那一位发出了问询。关于我的这篇散文，均不在在座的编辑手里，便推测肯定在一位已经下乡锻炼的编辑手中，可他大约需要半年才能结束劳动锻炼。那位好心的编辑很诚恳地暗示我，凡是能发的稿子,肯定会交代给编辑部的。既然没有交代我的那篇散文,肯定是发表不了的了。这次投稿和第二次修改又失败了,我走出《陕西日报》深长的院庭甬道时,直接的感觉是,那个"门"还遥不知其所在,任何轻易"摸"到的侥幸心理自然云散了,反倒轻松了,当然不可排解自卑。我至今无法判断当时在座的编辑之中有无吕震岳,因为我除了和那位同样不知姓名的编辑说话之外,几乎不敢乱瞅乱看别的人。我站在陕西日报社门口,回望一眼那拱形的门楼和匆匆忙忙进进出出大门的人,还是免不了自惭形秽的自卑。这是我平生第一次走进一家报刊的大门,目的是问询自己投递的一篇习作,留下的记忆难以泯灭。在我被老吕邀请到他的办公室去看读者来信的时候,我心里涌起的便是十几年前头回进入时的复杂心理的记忆。我和老吕聊起这件事,老吕哈哈大笑着说他毫无记忆,那时候出出进进文艺部的各路业余作者太多了。我至今也无法弄清那位两次写信鼓励我修改后再投的编辑是谁,他每次写信都不署姓名,只缀着文艺部的落款。直到一九六五年春天,我把这篇散文打破原先框架,重新构思重新写作,名字改为《夜过流沙沟》,只是没有勇气投给"省报"而改投"市报",不久就在《西安晚报》文艺副刊上发出了。这是我的变成铅字见诸报刊的第一篇习作,历经四年,两次修改,一次重写,五次投寄,始得发表。我在感激《西安晚报》那位发表它的编辑的同时,也感激《陕西日报》那位两次给我写信鼓励我修改的不知其名的编辑。在这篇散文漫长的修改过程中,我在"摸门",或者叫作最初的探索；在从事这个容不得任何侥幸的事业的起始阶段，这篇处女作的修改和发表的漫长过程，实际上是我进行文学基本功练习的一个缩影。我和老吕聊起这件事，除了艰苦跋涉的感慨之外，还有一种心理补偿的欲望，我想那位给我两次写信的编辑最好能在此刻在这个办公室出现，我会向他致最真诚的问候和感谢。他的那两封信，是我写稿投稿生涯中第一次收到的报刊编辑的信。老吕也感慨着。

七月号的《人民文学》转载《信任》。那时候，《小说月报》等一类选刊还没有创办，《人民文学》辟有转载各地刊物优秀作品的专栏，每期大约一两篇。

八十年代的头一个春天到来时，《人民文学》编辑向前给我写来一封信，告知《信任》已获一九七九年度全国优秀短篇小说奖。那时候的评奖采用的是读者投票的方法，计票的结果一出来，前二十名便被确定下来。我当即将此事告知了吕震岳，他和我一样高兴。现在回想起来，无论是我，无论是他，当时似乎没有把这个获奖看成有什么太了不得的。倒是后来愈来愈觉得这种全国性评奖真是了不得的。一是这种奖项被看作一种标志，评职称升工资等等都成为一个硬件；二是这种评奖的竞争愈来愈趋激烈，单就每年一次的短篇小说评奖，已经取缔了读者投票的方法，改由评委投票，非文学因素影响评奖的事时有传闻。我并非超脱文坛，亦非淡泊名利。我从来不说淡泊名利的话。我至今以为，文坛本身就是一个名利场，淡泊不了的，除非你离开。问题的实质在于以什么手段去提高"知名度"和获取"利",唯一可靠的途径只能是拿出自己独特感受的作品来,即以文学的因素实现文学创造的目的,任何非文学的因素都是无法奏到长久之效的。一个不足七千字的短篇获奖,不可能决定我未来创作的发展,未来的路才刚刚开始。我对自己未来的创作发展不仅没有十分的自信,甚至依然着自卑的惶惑。因为任何一位能被我们记住的作家,都不是凭一个小小的短篇而铸就自己的文学成就,证明自己的文学才能的,这是文学史的 ABC。作为职业编辑的吕震岳,更有丰富的经历和经验,早看多了作家创作发展的种种,所以更多地仍然是说着"多读多思索"的鼓励我的实话。颁奖的通知到来时,我的心里丝毫未动,我的农民夫人突发心脏病月余,我须陪她去医院看病,便请假缺席了。

作为新时期文艺复兴的第一项全国文学奖——短篇小说奖,这是第二届评奖,发奖仪式很隆重,我在报纸上看到了消息。之后某一天,我用自行车带着病情稍轻的夫人从城里看病回来,走到距家尚有七八华里的一个村子,迎面停下一辆小汽车,走出《陕西日报》的文艺评论家肖云儒来。他们开车到了我的村子扑了空,折回来时碰到了。他说报社文艺部领导很重视《信任》获奖,作为报纸副刊的作品能在全国获奖尚不多见,约我写一篇获奖感言的短文,老吕因身体不适而委托他来。我后来写成了一篇《我信服柳青三个学校的主张》[①] 的创

[①] 指《我信服柳青三个学校的主张——〈信任〉获奖感言》一文。——编者注

作谈,这是我从事写作以来第一次写谈创作的文章。

这一年,《陕西日报》文艺部发起了"农村题材小说征文",老吕给我写来一封信,鼓励我应征。我已经从原郊区文化馆分配到灞桥区文化局,被提拔为文化局副局长,兼文化馆副馆长。为了能避免琐细的事务性干扰,我住在灞桥镇的文化馆里,潜心读书写作。接到老吕的信,我写了短篇小说《第一刀》,不需叮咛便明白七千字的版面极限。这篇小说同样得到老吕的欣赏,以一周的最快速度见报。此后,又收到了一批读者来信,选发了三篇。这是写农村刚刚实行责任制出现的家庭矛盾和父子两代心理冲突的小说,引起读者的普遍关注是可以理解的。尽管在征文结束后被评了最高等级奖,我自己心里亦很清醒,生动活泼有余,深层挖掘不到位。然而关于农村经济改革的思考却由此篇引发,发展到我的第一个中篇小说《初夏》的最后完成。

一九八二年我的第一本小说集子《乡村》出版,在我赠送书籍的名单上自然不可或缺老吕。这本集子里有他鼓励催促下写成的三篇小说,且是在我创作发展的关键时期有着特殊意义的作品。这年冬天,我调到省作协专业创作组。在取得对时间的完全支配权之后,我的直接感觉是走到了我的人生的理想境界:专业创作。我几乎同时决定,干脆回归老家,彻底清静下来,去读书,去回嚼二十年里在乡村基层工作的生活积蓄,去写属于自己的小说。尤其是读书,需要弥补未能接受大学中文系专修的知识亏空和心理空虚,需要见识中外大家名著所创造的艺术大观,更深一步进入真正的艺术世界,揣摩真正的文学的本来内蕴,以彻底排除非文学因素和出于各种用意强加给文学的额外负载,接近再接近真正的文学的本义。我记得我到陕报去和老吕说了归乡的打算,他仍然高调门感叹着好好好,真诚地说,写作靠热闹是不行的,得拿出好货来。

回到祖居的老屋,反而有一个不长的适应期。偶尔有文学朋友和约稿的编辑找到村子里,都是我十分愉快的事,包括传来许多文坛最新的消息和趣闻。偶尔收到老吕的信,仍然是老文化人的个性明显的毛笔字,或问讯或约稿,读来十分温馨。中篇小说《初夏》在《当代》发表以后,接到老吕一封长信,说他对这篇小说特别喜欢,不完全是因为《第一刀》的缘由。到这篇中篇获《当代》文学奖时,我告诉了他这个消息,老吕像小孩一样拍着简易沙发的扶手大声慨叹起来,似乎验证了他的阅读感觉。他说他在什么报纸上看到《当代》的广告目录,专意到邮局的报刊门市部买来了杂志,读完便给我写了那封长信。乃至一九八六年上海文艺出版社出版我的以《初夏》冠名的第一个中篇小说集子,我拿到书后,从乡下赶到西安,找到老吕家里。其时他已退休,住在炭市街的平房住宅里。我送上这本集子,他翻着看着,说那本集子里收编的几个中篇大都读过了。他告诉我,凡是他在什么杂志上发现我的作品就一定要读,凡是他听说我在哪里发了什么小说就自己找来读。他坦率地说着对那些小说的感觉,好的和遗憾的诸多方面,已经远远不是《信任》或《第一刀》经他发表时的交谈深度了。这一次，是我更深地理解老吕这个人的重要接触。我真切地被这位老兄感动了。他已经退休，已经不再为报纸副刊和我打交道了，他关注我的作品和我写作的发展，至少是出于一种纯粹的关于一个与他打过交道的作者的关注，仅仅只是这个作者的作品他曾经喜欢过付出过心血，仅仅只是这个作者本人他比较喜欢，仅仅只是他希望自己喜欢的这个作者的创作更健康地发展。这就够了，这就足够我这个经他扶助的作者体会人世间那种被赞美着的真诚了；足够我再重新理解作为中国文学各类职业编辑的良苦用心了，任何时候要是还没有忘记这一点，我便相信自己的尾巴会紧紧夹住；足够我理解作为个人劳动标志很明显的创作，其实还有更丰富的社会的催人奋斗的那种力量。告别老吕，重新回到祖居的家园，《初夏》这本书也就划归明日的黄花。我必须以新的艺术形态给老吕这样的职业文学编辑一个见面时可以再聊的话题，包括更多的还喜欢着我的小说的读者。真正的文学意义上的友谊给我的就是这种冲击力。

听说老吕病了时，我很震惊，找到他的新居里，是在一个夏天的晚上。我已得知他得了一种今天的医疗水平很难治愈的病，便约了精于摄影的郑文华去拍一张合影。我们相交整整廿年来，竟然没有拍过一张合照，我不在乎这种照相，他也不在乎这种形式的东西，二十年里我们多次见面却没有谁想到照一张合影。我到邻近的水果店铺里买了水果，也应是第一次。二十年里我多次去过他供职的编辑部和他的家里，从来没带过一件礼物，一盒烟一瓶酒都没有过。那个时期里似乎不兴这一套，我也没有这种意识，似乎拿着这种东西会使他和我都尴尬的。他现在病了，是个病人，按我的心理和习惯，看望病人带上水果是礼仪成俗的。

他坐在一架轮椅上，因为病痛所致的骨头损害，不能坐太软的沙发。他说他出医院好久了，病情稳定。他比以往消瘦了，脸色尚好，仍有继往的红色，表面看不出太多的重病的疲倦和忧郁。他说话依然是朗朗的高调门大嗓子，几乎与我以往的印象没有任何变化和差异，也许是强性子的他自然显现的刚强。我和他聊了他的病情，他却更多地问我现在的工作和写作，不无惋惜之意，甚至启发我赶快离开西安，重新找一个地方去读书去写作。他那么感慨着对我的深层理解，写到这程度太不容易了，再浪费时间就损失太大了云云。我无言以对，也不想对他说出我的苦恼。如他一样的感慨我已从许多朋友口里听到，然而我不想让他再为我担这一份心。我尽量以轻松的话题和他交谈，包括回忆我们以往的趣事，他便大声愉快地笑起来。我给他留下我出版不久的五卷本《文集》，他问《白鹿原》收编在内没有。我说主要的作品全都收入了。他说他早已读过《白鹿原》，不断地感慨着从他编《信任》到《白鹿原》的阅读感觉。临到我出门时，他仍然鼓励我，什么都可以看轻，看淡，再弄出两本书来，弄到这程度太不容易了……

我收到老吕一封信，看小小信封上那很大的行书毛笔字就熟知了。打开信封，夹着他的一页短笺和一块报纸的剪贴文章，是他发表在《陕西日报》的一篇关于《白鹿原》的短论。

我的心头一沉，读了短信再读短论，沉默许久都不知道该做什么。他已到骨癌晚期，忍受着怎样的痛苦，仍然还要写这样的短论，仍然还要对《白鹿原》一书获茅盾文学奖的事说他的看法和意见。其时，关于这本书和这个奖的热闹早已过去，我已不再接受关于这个话题的媒体采访。《白鹿原》一书自出版以来的五年时间里，我看到过许多评论家、作家、记者和读者或长或短的评论文章，说长道短在我已经于心不惊平静听取了，然而老吕的这篇短文一下子把我推入情感的波涛之中，无论如何我都不能把它看作是一篇"评论"……这是我收到的老吕的最后一封信，那功夫老到笔力遒劲的毛笔字啊！

今年春天，我接到老吕家属的电话，是哽咽着的女声报告的噩耗。当晚我赶到老吕家里，只能面对一幅围裹着黑纱的相片了。我站在灵桌前腿就颤抖起来了，看着照片上那昂昂的朗朗的面容，泪水一下子涌流出来，想叫一声老吕也终于哽塞得叫不出声。他的夫人告诉我，他把我送他的那套《文集》，且在桌子上用书头挡着，而以看塞进他的书架，直到他去世。我又一次涌出泪水，却说不出任何话来。

走在夜晚的东大街上，五彩的霓虹灯光是这座古城的新的姿容。天上似乎落着细雨，我木然地走着。我的小说中那个被我赞美也被我批判着的白嘉轩的生命感叹竟从我的心里涌出来了：世上最好的一个文学编辑谢世了！

1999年11月9日于礼泉

何谓益友

一

我终于拿定主意要给何启治写信了。

那时的电话没有现在这样便当，通信的习惯性手段依赖书信。我之所以把给何启治写信的事作为文章的开头，确是因为这封信在我所有的信件往来中太富于记忆的分量了，一封期待了四年而终于可以落笔书写的信，我将第一次正式向他报告长篇小说《白鹿原》写成的消息。

这部书稿是农历一九九一年腊月二十五日写完最后一句话的。我只告诉给我的夫人和孩子，同时嘱咐她们暂且守口，不宜张扬。我不想公开这个消息不是出于神秘感，仅仅只是一时还不能确定该不该把这部书稿拿出来投出去。这部小说的正式稿接近完成的一九九一年的冬天，我对社会关于文学的要求和对文学作品的探索中所触及的某些方面的承受力没有肯定的把握。如果不是作品的艺术缺陷而是触及的某些方面不能承受，我便决定把它封存起来，待社会对文学的承受力增强到可以接受这个作品时，再投出书稿也不迟；我甚至把这个时间设想得较长，在我之后由孩子去做这件事；如果仅仅只是因为艺术能力所造成的缺陷而不能出版，我毫不犹豫地对夫人说，我就去养鸡。道理很简单，都五十岁了，长篇小说写出来还不够出版资格，我宁愿舍弃专业作家这个名分而只作为一种业余文学爱好。无论会是哪一种结局，都不会影响我继续写完这部作品的情绪和进程，作为一件历时四年写作的长篇，必须画上最后一个标点符号才算了结，心情依旧是沉静如初的。

一九九二年初，我在清晨的广播新闻中听到了邓小平南行的讲话摘录。思想要再解放一点，胆子要再大一点，等等等等。我在怦然心动的同时，就决定这个长篇小说稿了。一旦完成，便立即投出去，一天也没有必要延误和搁置。道理太简单了，社会对于具体到一部小说的承受力必然会随着两个"一点"迅速强大起来。关键只是自己这部小说的艺术能力的问题了，这是需要检验的，首先是编辑。我便想到何启治，自然想到他供职的人民文学出版社。人民文学出版社是文艺类书籍出版系统的高门楼，想着这一层还真有点心怯，"店大欺客"与否且不说，无论如何还是充不起要进大店的雄壮之气来。然而想到一直关注着这部书稿的老朋友何启治，让他先看看，听他的第一印象和意见，那是令人最放心的事。

春节过后，我便坐下来复阅刚刚写完的《白》书书稿，做最后的文字审定，这个过程比写作过程轻松得多了。大约到公历二月末,我决定给何启治写信,报告长篇完成的消息,征求由我送稿或由他派人来取稿的意见。如果能派人来,时间安排到三月下旬。按照我的复阅进度,三月下旬的时限是宽绰富余的。信中唯一可能使老何会感到意外的提示性请求,是希望他能派文学观念比较新的编辑来取稿看稿,这是我对自己在这部小说中的全部投入的一种护佑心理,生怕某个依旧"左"的教条的嘴巴一口给唾死了。

信发走之后,我才确切意识到《白鹿原》这书稿要进人民文学出版社这幢高门楼了。

二

几乎在爱好文学并盲目阅读文学作品的同时,就知道了北京有一家专门出版文艺书籍的出版社叫人民文学出版社,这是从我阅读过的中外文学书籍的书脊上和扉页上反复加深印象的,高门楼的感觉就是从少年时代形成的。随着人生阅历和文学生活的丰富,这种感觉愈来愈深刻,对于一个业余作者来说,这个高门楼无异于文学天宇的圣殿,几乎连在那里出书的梦都不敢做。就在这种没有奢望反而平静切实的心境下,某一日,何启治走到我的面前来了,标着人民文学出版社的牌子。

这件事的记忆是深刻的,因为太出乎意外而显得强烈。一九七三年隆冬季节,西安奇冷。我到西安郊区区委去开会,什么内容已经毫无记忆了。会议结束散场时,一位陌生人拦住了我，操着不大标准的普通话（以电台播音员为标准），声音浑厚，在他自我介绍之前，我已知道这是一位外来客了。在我周围工作和相交的上司、同辈和工作对象之中，主要是关中东部口音口语，其次是永远都令人怀疑患了伤风感冒而鼻塞不通说话鼻音很重的陕北人，那些从天南海北到西安来工作的外乡人久而久之也入乡随俗出一种怪腔怪调的关中话来，我已耳熟能详。这个找我的人一开口，我就嗅出了外来人的气味，他说他叫何启治，从北京来，从北京的人民文学出版社来，找我谈事。我便依我的习惯叫他老何。以后的二十多年里，我一直叫他老何，没有改口。

我和老何的谈话地点，就在郊区区委所在地小寨的街角。他代表刚刚恢复出版工作的人民文学出版社来西安组稿，从同样是刚刚恢复工作的陕西作家协会（此时称陕西省文艺创作研究室，以示与旧文艺体制的区别）创办的《陕西文艺》（即原《延河》）编辑部得到推荐才来找我的。他已读过我在《陕西文艺》发表的一篇短篇小说《接班以后》，认为这个短篇具备了一个长篇小说的架势或者说基础，可以写成一部二十万字左右的长篇小说。我站在小寨的街道旁，完全是一种茫然，且不用吓了一跳这样的夸张性习惯用语。我在刚刚复刊的原《延河》今《陕西文艺》双月刊第三期上发表的两万字的短篇小说《接班以后》，是我平生发表的第一篇小说，也是我自初中二年级起迷恋文学以来的第一次重要跨越（且不在这里反省这篇小说的时代性图解概念），鼓舞着的同时，也惶惶着是否还能写出并发表第二、第三篇，根本没有动过长篇小说写作的念头，这不是伪饰的自谦而是个性的制约。我便给老何解释这几乎是老虎吃天的事。老何却耐心地给我鼓励，说这篇小说已具备扩展为长篇的基础，依我在农村长期工作的生活积累而言完全可以做成。最后不惜抬出他正在辅导的两位在延安插队的知青已写成一部长篇小说的先例给我佐证。我首先很感动，不单是老何说话的内容，还有他的口吻和神色，在我感到真诚的同时也感到了基本的信赖，即使写不成长篇小说，做一个文学朋友也挺好，应该是我文学生涯以来认识的第一个北京人。二十多年过去，我们已经相聚相见过许多回，世界已经翻天覆地，文学也已地覆天翻，每一次见面，或北京或西安或此外的城市，都继续着在小寨街头的那种坦诚和真挚，延续着也加深着那份信赖。

我违心地答应"可以考虑一下"，然后就分手回我工作的西安东郊的乡村去了。老何回到北京不久就来了信，信写得很长，仍然是鼓励长篇小说写作的内容，把在小寨街头的谈话以更富于条理化的文字表述出来，从立意、构架和生活素材等方面对我的思路进行开启。我几乎再也搜寻不出推辞的理由，然而却丝毫也动不了要写长篇小说的心思。我把长篇小说的写作看得太艰难了，肯定是我长期阅读长篇小说所造成的心理感受。我常常在阅读那些优秀的长篇小说时一回又一回地感叹，这个作家长着一颗怎么样的脑袋，怎么会写出让人意料不到的故事和几乎可以触摸的人物！好在这时候上级突然通知我去南泥湾"五七"干校劳动锻炼改造，我便以此为由而推卸了这个

2012年,何启治到白鹿书院讲学,与陈忠实在书院"上林春"合影

不可胜任的压力。我去陕北的南泥湾干校之后,老何来信说他也被抽调到西藏去工作,时限为三年,然而仍然继续着动员鼓励我写长篇小说的工作。随着他在西藏新的工作的投入,来信中关于西藏的生活和工作占据了主要内容,长篇小说写作的话题也还在说,却仅仅只是提及一下而已。这是一九七四年的春天和夏天,"批林批孔"运动又卷起新的阶级斗争的旋涡……这次长篇小说写作的事就这样化解了。我因此而结识了一位朋友老何。

三

老何再一次到西安来组稿，大约是刚刚交上八十年代的夏天，我从文化馆所在的灞桥古镇赶到西安，在西安饭庄——"双十二事变"中招待过周恩来的百年老店——招待老何吃一顿饭。那时候尚不兴公款请客吃饭。我刚刚开始收入稿费（千字十元），大有陈奂生进城的那份高涨的心情，况且是从小寨街头一别七八年之后的第一次共餐。我要了西安饭庄的看家菜葫芦鸡，老何直说好吃。多年以来的几次相见相聚中，老何总会突然歪过头问我："那年你在西安请我吃的那个鸡真不错，叫什么鸡？"

他是为创刊不久的《当代》来组稿的。我仍然畏怯这个高门楼里跃出的为文坛瞩目的《当代》，不敢轻易投寄稿件。直到我从短篇小说转入中篇小说的第一部《初夏》写成，才斗胆寄给老何。这个中篇小说是我的写作生涯中最艰难的一部，历经三年多时间，修改重写四次，才得以在一九八四年的《当代》刊出。我曾在一篇短文中回味过这个至为重要的过程："在这个过程中，令人感佩的是《当代》的编辑，尤其是老朋友何启治所显示出来的巨大耐心和令人难以叙说的热诚。他和他们的工作的意义不单是为《当代》组织了一部稿子，而是促使一个作者完成了习作过程中的一次跨越，得到了属于自己的一次至为重要的艺术体验，拯救了一个苦苦探索的业余作者的艺术生命。"我说以上这些话是真诚的，更是真实的。

《初夏》历经三年时间的四次修改和重写，始得以发表，不仅是鼓舞，最基本的收益是锻炼了我驾驭较大规模、较多人物和多重线索的能力，完成了从较为单纯的短篇小说的结构到中篇小说结构形式的过渡。此后我连续写作的几部或大或小的中篇小说，不论得失如何，仅就各自结构的驾驭而言，感到自如得多了，写作过程也顺利得多了。正是从自身写作的这个意义上，我是十分钦敬老何这位良师益友的。

《初夏》之后，我正热衷于中篇小说各种结构形式的探索，老何在一次见面中问我，有长篇写作的考虑没有。我很直率地回答，没有。这是实话实说。由他的突然发问，我立即想起十多年前第一次见面在小寨街头的那一幕，心里竟是一种负压感，天哪！他还没有忘记长篇小说的事。他却轻松地说，你什么时候打算写长篇的话，记住给我就是了。

再后来的一次会面，他又问到长篇小说写作的事。我觉得对他若要保密，是一种有违良知的事，尽管按着我的性情是很难为的事情。我便告诉他，有想法，仅仅只是个想法，正在想着准备着，离实际操作尚远。我那时候确实正在做着《白鹿原》的先期准备，查阅县志、党史、文史资料，在西安郊县做社会调查，研读有关关中历史的书籍，同时酝酿构思着《白鹿原》。我随即叮嘱他两点：不要告诉别人，不要催问。我知道我的这部长篇小说不会在"短促突击"中完成，初步计划实际写作时间为三年。我希望在这三年里沉心静气地做这件大活，而不要在人们的议论，哪怕是好朋友的关心中写作，更不要说编辑的催逼了。过多的谈论过分关心的问询以及进度的催问，都会给我心理造成紊乱造成压力，影响写作的心境。按着我的性情，畏怯张扬，如同农家妇女蒸馍馍，未熟透之前是切忌揭开锅盖的。

然而还是有压力产生。我已经透露给老何了，况且是在构思阶段，便觉得很不踏实，如果最终写不成呢，如果最终下了一个"软蛋"又怎样面对期待已久的老朋友呢！甚至产生过这样的疑问，按照我当时的写作的状况，中短篇小说虽已出版过几本书，然而没有一篇作品产生过轰动性效应，我清醒地知道自己的分量和位置，而老何为什么要盯着我的尚在构思中的长篇小说呢？如他这样资深的职业编辑，难道不知面对名家之外的作者所难以避免的约稿易而退稿尴尬的情景吗？因为我在构思中的《白鹿原》没有向他提及任何一句具体的东西，我自己尚在极大的不自信无把握之中。直到今天，我仍然不得其解，老何约稿的依据是什么？

后来的几年里，证明着老何守约如禁。每有一位人民文学出版社的编辑到西安组稿，都要带来老何的问候，进门握手时先申明，老何让我来看看你，只是问个好，没有催的意思，老何再三叮嘱我不要催促陈忠实。我常常握着他们的手说不出一句话。直到一九九一年的初春时节，老何领一班人马到西安来，以分片的形式庆祝人民文学出版社建社四十周年，在西安与新老作家朋友聚会。这个时候，《白鹿原》书稿已经完成三分之二，计划年底写完。见面时老何仍然恪守约律，淡淡地说，我没有催的意思，你按你的计划写，写完给我打个招呼就行了，我让人来取稿。我也仍然紧关口舌，没有道及年底可以完稿的计划，只应诺着写完就报告。

这一年的夏天，先后有两家大出版社向我邀约长篇小说稿，一位是在艰难的情况下给我出过中篇小说集子《初夏》的上海文艺出版社的老张，我忍着心向她坦诚地解释老何有话在先，无论作品成色如何，我得守信。另一位是作家出版社老朱，她到西安来组稿，听人说我正在写一部长篇，我同样以与老何有约在先须守友道为由辞谢了。我坚守着与老何的约定，发端自十七八年前小寨街头的初识，那次使我着实吓住了的长篇小说写作的提议，现在才得以实施，时间虽然长了点，却切合我的实际。

直到一九九一年末写完全部书稿，直到春节过后的一九九二年早春的某天晚上，可以确定《白鹿原》手稿复阅修饰完成的时间以后，我终于决定给老何写信报告《白鹿原》完全脱稿的消息了，忐忑不安地要奔文学书籍出版界的高门楼了。

四

老何很快复过信来，他将安排两位同志于三月二十五日左右到西安。果然，三月二十四日下午，作协机关办公室把电话打到我所在地区的灞陵乡政府，由一位顺道回家的干部传话给我，让我于二十五日早八时许到火车站接北京来客。

给我捎信传话的乡上干部刚出门，村子里的保健医生搀着我母亲走进门来，说我母亲的血压已经高过二百以上，必须躺下。母亲躺下后就站不起来了，半边身子麻木僵硬了，就发生在我注视着的眼皮底下。医生很快为她挂上了用以降血压的输液瓶儿。我的头都木了，北京来客此时可能刚刚乘着火车开出京城。真是凑巧了，傍晚时分还有夕阳霞光，天黑以后却骤然一场大雪。我几乎一夜未曾合眼，守护着母亲，看着院子里的雪逐渐加厚到足可盈尺。离天明还有一个多小时，我请来一位村人照看母亲，就踏着积雪上路了。大雪真好，从我家大门口起始，走过两个村庄和村庄之间的原野，我给处女的雪原和村巷踩出第一溜脚印。我赶上了第一班远郊公共汽车，进入作协大院时尚未到上班的钟点。我要了一辆公车赶到西安火车站，等候许久，高门楼里来的尊贵的高贤均、洪清波终于走出车站来，时间大约八时许。

高贤均和悦随意，一见面就不存在陌生和隔膜，笑起来很迷人的。洪清波更年轻，却戴着一副厚厚的眼镜，不大说话，笑起来有一缕拘谨的羞涩，显得更加迷人。我当时想，从高门楼里出来的人怎么到了地方省份还会有拘谨的羞怯？我把他们安排到招待所，由他们自己去找饭吃找风景玩，就匆匆赶回乡下去了，只说还有两章没有"通"完，没有告诉他们还有突然躺倒吊着药瓶的母亲。我当时家分两地，夫人和孩子住在城里，我住在乡下老屋写我的书稿，母亲是过春节时从城里回到乡下，尚未回城却病倒了。这样，我一边守护着母亲监视着吊在空中的药液的降速，一边在隔壁书房审阅最后两三章手稿的文字，想到高、洪两位朋友正住在西安等着拿稿子，我第一次感到了心理紧促和压迫，这是《白》书从起头到完成四年以来从未有过的催逼感。

过了两天，我一早赶到西安，包里装着这部书稿。在远郊公共汽车上，我一直抱着这摞书稿，一种紧张中的平静和平静里的紧张。我一路上都在斟酌着把这摞书稿交给高、洪时该怎么说话才合适，既希望他们能认真审读，又不想给他们造成压力，所以以不提任何写作的构想和写作的艰难为好。这样，在作家协会招待所的客房里，我只是把书稿从兜里取出来交给他们，竟然连一句话也说不出来，那时突然涌到嘴边一句话，我连生命都交给你们了，最后关头还是压到喉咙以下而没有说出，却憋得几乎涌出泪来。其实基于一种自己对文学的理解，只需让编辑去看书稿而无须阐释。下午，我又匆匆赶回乡下老家照看母亲，连请高、洪两位新结识的朋友品尝一下葫芦鸡的机缘也没有，至今尚以为憾事。

我由此时开始进入一种完全的闲适状态。我不读任何小说，有了平生里从未发生过的、拒绝以至逆反阅读现代文学书籍的奇怪的心理状态。却突然想读古典诗词，我把塞在书架里多年未动过的《词综》抽出来，品赏那些古色古香的墨痕之中的韵味而惊叹不已。按常规我把《白》书书稿的审阅过程设想得较长，初审、复审和终审，一部近五十万字的书稿走完这个轮番审阅的过程,少说也得两月以上,因为编辑们不可能只看这一部书稿,他们要开会要接待四面八方的来访者还要处理家务事。在他们统一结论之前,估计很难给我一个具体的说法。所以,我就在少有的闲静中等待,品赏一个个诗词大家的妙句。出乎意料的是,在高、洪拿着书稿离开西安之后的第二十天,我接到了高贤均的来信。我匆匆读完信后"嗷嗷"叫了三声就跌倒在沙发上,把在他面前交稿时没有流出的眼泪倾泻出来了。

这是一封足以使我癫狂的信。信中说了他和洪清波从西安到成都再回北京的旅程中相继读完了书稿,回到北京的当天就给我写信。他俩阅读的兴奋使我感到了期待的效果,他俩共同的评价使我战栗。我由此而又一次检验了自己的个性,很快便沉静下来,进入一种前所未有的舒缓静谧之中。我也才发现此前二十多天的闲适之表象下隐藏着等待判决的紧张和恐惧,只是明知那个结果尚遥远而已。这个超出预料的判决词式的信件的提前到来,就把深层心理的恐惧和紧张彻底化释了。我的全部用心都被高、洪理解了,六年以来的所有努力都是合理的,还有什么事情能使人感到创作这种劳动之后的幸福呢!随后对唐诗宋词的品赏才真正进入一种轻松自悦的心理状态。

老何随后来信了,可以想象的兴奋和喜悦,为此他等待了几近二十年,从一九七三年冬天小寨街头的鼓励鼓动到一九九二年春天他在北京给我写《白》书的审阅意见,对于他来说是太长了点，对于我来说，起码没有使这位益友失望，我们的友谊便不言而喻。随后便是如何处理书稿的种种琐细的事，我都由他去处理，我完全信赖高门楼里的这一帮编辑了。

五

《白鹿原》先在《当代》分两期连载，之后由人民文学出版社出书，中央人民广播电台和西安人民广播电台差不多同时连播，在读者和文学界迅即引起反响，这在我几乎是猝不及防的。书稿写完时，我当然也有一种自我估计，如若能够面世，肯定不会是悄无声息的，会有反应的。然而反应如此之迅速如此之强烈，我是始料不及的；尤其是社会各个阶层，非文学圈子的读者的强烈反响，让我第一次如此深刻地感受到读者才是文学作品存活的土壤。

一九九三年八月，《白》书在京召开的研讨会，也是我平生所经历的最感动的一次会议。会后某天晚上，老何和高贤均找到我住的宾馆，主动与我商议修改原先的出书合同的事。按原先的出书合同，千字三十元，是九十年代初人民文学出版社执行的最高稿酬标准了。按这个标准算下来，近五十万字的书稿可得稿酬约一万五千元，这是从签订合同时便一目了然的计算，我也很兴奋一次可以拿到万元以上的大宗稿酬而进入万元户的行列了。现在，何与高给我在算另一笔账，如若用版税计酬，我将可以多得三四千元。《白》按计划经济的征订数目近一万五千册,这在一九九三年的新华书店发行征订中已是令人鼓舞的大数了。按百分之十的版税和近十三元的书价算下来,比原合同的稿酬可以多得三千多元吧。他们已经对比核算过了,考虑到我花六年时间写这一本书,能多得就争取多得一点吧。我尚未用版税方式拿过稿酬,问了半天才算明白了其中的好处,自然是乐意的。然而更令我感动的是他们替我所做的谋算,以至于如此细心。作为一本书的作者,面对这样体贴入微的编辑,说什么感谢之类的话都显得多余而俗套。

在《白》行世之后的几年里,有一些认真的或不甚认真的批评文字,无论我无论老何、老高或人文社的其他编辑,尚都能持一种平和的心态,这是文坛上再正常不过的事。然而有一种批评却涉及作品的存活,即"历史倾向性"问题,我从听到时就把这种意见看成是误读。在被误读误解的几年里,涉及《白鹿原》的评论和几种评奖,都发生过一些不大不小的麻烦。在这些过程中,老何、老高们坚守着自己对《白鹿原》的观点,当我事后了解某些情况时,真是感慨而又感佩,甚至因为《白鹿原》给他们添麻烦而负疚,反倒劝慰他们。他们均表示,此种事已经不属和我的友谊或照顾关系的庸俗做法,而是涉及关于文学本身的重大话题。

大约是一九九七年酷暑时月,某天晚上老何打来电话,告诉我一个消息,说陈涌对某位理论家坦言,《白鹿原》不存在"历史倾向性"问题,这个看法已经在文学圈子里流传开来。我听了有一种清风透胸的爽适之感,关于"历史倾向性"

问题的释疑解误,最终还是有陈涌这样德高望重的文学理论家坦率直言。老何便由此预测,茅盾文学奖的评奖可能因此而有了希望可寄。约在此前半年,我和他在京见面时,老何还在为我做宽慰性的工作。说茅盾文学奖评奖的可能性不大,对《白鹿原》而言评不评此奖意义不大,有读者和文学界的认可就足够了。我也基本是这样的心态,评奖是一码事,而"历史倾向性"问题是另一码事。我和他在评奖这件事上仍然保持着一种平常心理。现在,陈涌的话对《白鹿原》评茅盾奖可能出现的转机仅只是一种猜估,对我来说解除"历史倾向性"问题的疑虑和误读才是最切实际的。我也忍不住激动起来,评奖与否且不管,有陈涌这句话就行了。有人说过程不必计较,关键是看结果。在《白鹿原》终于评上茅盾文学奖这个结果出来以后,我恰恰感动的是那个过程。尤其在误读持续的几年时间里,人民文学出版社的老何老高小洪等一群坚守着文学意义的编辑,才构成了那个使我难以磨灭的动人的过程。至此,这个高门楼在我的感觉里融入了亲切温暖的感觉。

高门楼的人民文学出版社,凭着一帮如老何老高小洪这样的文学圣徒撑着,才撑起一个国家的文学出版大业的门面,看似对一个如我的作者的一部长篇小说的过程,透见的却是一种文学圣徒的精神。作为一个自以为文学神圣的作者,我结识老何老高小洪们,是自以为荣幸也以为骄傲的。

2001年2月20日于原下

人生九问

问：请在一百字以内写出自己的特点、身份和成就。

答：从来似乎都没有总结过我有什么特点，至今仍然说不清楚。

我的社会身份是作家，家庭身份是儿子、丈夫、父亲和爷爷。我出版过二十八种版本的小说、散文书籍，其成色自然不能以获过多少次什么级别的奖项来评说，我更看重读者的阅读印象。我只是做到了截至目前的种种努力，包括社会、人生和文学的思考和探索。

问：你是怎样看待人生机遇的？

答：首先承认人生存在着机遇，且不止一回。

机遇应该是在较宽泛的社会层面上对一茬子人同时存在，才具有意义的。能否抓住机遇，首先是要有敏锐的思维和切实的判断。更重要的是实力，即成就某项事业的实力，才可能在这项事业上有所作为，有所创造，有所成就，实现自己的人生理想，体现自己的生命价值。不具备成就某项事业的实力，即使抓住了机遇，哪怕是天赐良机，机遇仍然会流失。

当然，这个实力自然包括物质的和智力的两个方面，未必都是一次性地具备齐全了的。物质有一个积累扩大的过程，智力也有一个不断发展的过程。尤其是后者，要不断地更新知识结构，要博览博采一切人类优秀的成果，以扩展自己的视野，开启思维疆域，不断地冲破思维定式，才能实现一次突破又一次突破，才能完成新的创造，取得属于自己的在某项事业上的成就。

问：你认为什么才算成功？

答：一个人对上帝赐予他的或多或少的智慧，通过不懈的努力而发挥到了极限，甚至超极限发挥了，都是成功。一个具备创造原子弹的智慧的人创造了原子弹是成功，如果创造一个普通的常规炮弹，就浪费了智慧也浪费了生命。

在正常的合理的社会环境里，能否走向成功，靠科学的方法，也要有科学的态度。首先是科学的态度，有了科学的态度才能遵循科学的方法。科学的态度在我看来还是一句老生常谈的话，实事求是。任何虚妄的投机的行为不仅于事无补，反而会耽误走向成功的路程，造成智慧的浪费。

问：你是如何处理身边的各种干扰的？

答：我用主动的方式坚决排除了一些干扰，譬如截至目前依然无止无休的各种媒体的采访，先是劝说对方，申明对我的宣传已经够了，没有再宣传的必要了。劝说不下就反诘一句：你总不能宣传到让观众（包括读者）一看见我的脸就想吐唾沫吧？十有十回就把好心的采访者噎住了。

我也选择比较被动的逃躲的办法，排除连续不断的各种挂着文化名义而另有所谋的研讨会、新闻发布会之类，我在这些场合仅仅只是一块招牌，连任何文化的气味也闻不到的，常有一种悲凉的心理感受，便在无奈时逃躲起来。

问：你向往什么样的生活？

答：以至诚和尊重为基调的生存环境，比物质的多寡更重要，比环境的污染更迫切。我无法承受一边工作一边又要提防老鼠偷咬脚后跟的境遇。

问：你喜欢的座右铭是什么？

答：从青年时代起，一直喜欢把"不问收获，但问耕耘"的字牌放在墨水瓶旁边。近十年以来，偏重于这样一种意思，只说自己想说的话，尽量不说自己不想说的话。用一句民间俗语来概括：自己的头由自己摇。对于我这样经历的中国人，能意识到自己的头由自己来摇，既是人生立世的启蒙，也是自己活人成事的基本之点。这句蕴含着哲理也蕴含着民间智慧的谚语，启示我努力地体验社会和人生，然后发出自己的声音，且不管它宏大或微渺，只求是自己的就足以心地踏实了。

问：你尚未实现的人生梦想是什么？

答：我无梦想，我只有文学理想。我的理想从来都是文学创造。我不喜欢"梦想"这个词，因为它太虚幻。我想以自己的新的创作不断展示自己的独立体验，直到拿不起笔的那一天。

问：你的业余爱好是什么？

答：独自坐下来喝茶，哪怕什么也不想，进入一种无思的恬静，是最有益于身心健康的。看体育比赛，我在那种激烈的竞争中感到的是一种无所企及的酣畅淋漓，心理舒展了，精神张扬了，情绪亢奋了，完全是一种享受。当然，在我看来，体育比赛是最公平的，尽管球场有过黑哨，其他项目也有过黑分，但总体来看，仍是人类所有具有竞争意义的活动中，最具透明度也最公平的一种。我尤其喜欢看高水平的足球比赛，但涉及国家队的重要国际比赛，涉及陕西队的命运的比赛，哪怕水平不高，我仍然喜欢看。在体育竞争中，我是一个民族主义者，甚或是一个地方主义者。当然，工作之余，与孙子逗玩也令人忘乎所以。

问：你是如何看待名利和金钱的？

答：坦率地说，文坛本身就是一个名利场，任何一个身在其中的人，都不可能摆脱名和利的诱惑。这情形有如磁场，除非你脱离文坛，兴趣转移甚至改作他途。

我向来不说淡泊名利的话，我以为这样说法总带有某些勉强或做作，或者如身在磁场内还要摆脱磁场的辐射一样。不断地过分地表白自己的淡泊，反而使人容易产生虚伪的印象。

作家写小说是给读者看的，喜欢读你的小说的读者多了，作家不可避免地就出名了，知名度也就高了。你写的小说读者不喜欢，或者读者很少，知名度自然就小，这是很自然的事，合乎情理的事。这个道理和演员的演出效果是一样的，赵本山和黄宏靠自己超凡脱俗的演技赢得了观众，被观众所喜欢，这是很好的事呀。他还有什么必要再三再四地表白自己淡泊出名这样的蠢话呢？反之，如果不是靠杰出的表演技艺，或者说不具备这样的技能，他们两人即使斥巨资在全国媒体上做一年自我标榜自我吹嘘的广告，也是难以凑到今天这样几乎家喻户晓的知名度的。

作家靠作品赢得读者，也体现自己的创造价值。作家依靠自己的作品造成了在读者中间的知名度，是顺理成章的，不仅无可指责，而且应该得到鼓励。中国早应该多出几位享有盛名的作家，像托尔斯泰之于俄罗斯，歌德之于德意志，马尔克斯之于拉美，鲁迅之于中国，这已经不是个人的名誉的事，而是一个民族的财富和骄傲。

文坛上时不时地流行一些自吹自捧的风事，他吹他捧的风事，更如早就有人讥讽过的哥们姐们互吹互捧的风事，确也能在文坛奏一时之效，然而一到真实的读者层里，就很难奏效了，更不要说严峻的文学史了。

同样，利与名是捆在一起的，作品发行量大，就可以获得优厚的酬金，可以改善生活也改善工作条件，这是合理的。我基本上遵从以自己的劳动（创作）获得生存和生活的物质。至于金钱，如果脱开名利中"利"的含义，而单纯去论述金钱，话题就太大了，超出这篇小文的范围了。

（本文为答《劳动早报》记者问）

1999年10月18日于礼泉

网上夜话

二〇〇〇年三月十八日晚八至十时,著名作家陈忠实在京应鲁迅文学院副院长、诗人雷抒雁邀请,做客网易嘉宾聊天室,接受网上"文学迷"们七嘴八舌的提问——

网　友:《白鹿原》是在怎样的条件下写的?

陈忠实: 在白鹿原下祖居的小村子里写的。

网　友: 您最喜欢《白鹿原》里的哪个人物?

陈忠实: 我的人物我都喜爱,这个选择性主要还在读者。

网　友: 我觉得,《白鹿原》里的重点人物是朱先生,您说呢?

陈忠实: 这书里有几个人物都应该是重点人物,不应该只是一个。

网　友:《白鹿原》及其他短篇小说情节中有无您的亲身经历?!

陈忠实: 有的。

网　友：那么在《白鹿原》里，哪个角色是您的影子？

陈忠实：与我无关。

网　友：《白鹿原》中您对性的描写是你真实的体会吗？

陈忠实：我写抽大烟真还要去抽大烟吗？

网　友：为什么您对于性的描写似乎必不可少？

陈忠实：因为性在生活中是必不可少的。

网　友：您觉得现实生活中会有小娥这样的女人吗？

陈忠实：我这样写肯定就是觉得她存在，而且是一个概括。

网　友：您创造田小娥的动机是什么？

陈忠实：让田小娥以一个女人的本能和本性去争取应该得到的最基本的合理的生存形态。

网　友：为什么您会在后来描写小娥的鬼魂附在鹿三的身上？

陈忠实：因为鹿三具备了被鬼魂附体的行为和内心因素。

网　友：《白鹿原》的结局是不是太粗了点？

陈忠实：我当时还没有找到比它更好的不留下遗憾的结局。

网　友：总觉得结局特遗憾，每每读到这里就不想再读下去了，如果您再出一修订本的话，把结局改改如何？

陈忠实：不会改的，因为现在的结局已经定型了，我改也改不过来了。

网　友：有人说您今生再也走不出白鹿原了，您说对吗？

陈忠实：如果走不出白鹿原，就写不出《白鹿原》。

网　友：《白鹿原》后您打算写她的姊妹篇吗？

陈忠实：《白鹿原》是"独生子"。

网　友：《白》在文学史上会留下一页吗？

陈忠实：这要看文学史的宽容程度了。

网　友：我认为《白鹿原》已经属于您的过去了，不应再吃老本了，您觉得呢？

陈忠实：我比你更痛切地感觉到这一点。

《白鹿原》法文版封面

网　友：我第五次提问，您的《白鹿原》如果拍成电影，您希望由哪位导演来演绎它？

陈忠实：我首选吴天明。

网　友：谈谈您对路遥、贾平凹的作品的看法好吗？

陈忠实：路遥和贾平凹是西北的两座高峰。

网　友：请问您对路遥的英年早逝有什么看法？

陈忠实：路遥的英年早逝是一个巨大的损失，不仅对陕西，对整个中国文坛都是一个巨大损失！

网　友：对于贾平凹的作品您有何看法？

陈忠实：贾平凹的作品是中国新时期文学的重要收获，

真正地表述了他对现实和历史的体验和感悟。我很尊重他的创作活动。

网　友：同为西北派，您和老贾的主要区别在哪里呢？

陈忠实：区别全在自己的作品里。

网　友：贾平凹能和陈大叔比吗？

陈忠实：我前面已经讲了，我很尊重他，我俩不存在比不比的问题。

网　友：陈先生，您好像很不愿意把自己和其他作家比较，这是保存作家个性的一种方式吗？

陈忠实：比较作家从来就是读者的兴趣，我只走我的路，很少想甚至根本没有想到我和另外一个作家有什么差别。

网　友：陈老师，难道您不喜欢女作家的作品吗？

陈忠实：我喜欢不少女作家的作品，就不点名了。

网　友：您最欣赏的女作家是谁？

陈忠实：李清照。

网　友：您对河南的二月河喜欢吗？我喜欢，因为我是河南人。

陈忠实：喜欢。

网　友：请问您最喜欢谁的作品？

陈忠实：我喜欢的作家在不断变化，不同时期有不同的欣赏对象。

……

网　友：您对现在好多作家写不出书咋看？

陈忠实：有的是正在读书，厚积薄发，等等再写也好。

网　友：您认为当今除了您以外，写农村题材比较有特色的是哪位作家？

陈忠实：中国有很多这样的作家。

网　友：您的农村题材小说已经达到一定高度，今后是否考虑多写写城市小说？

陈忠实：写什么在我来看并不是想写什么就能写什么，主要决定于作家自己的体验。

网　友：有人说陕西作家的作品有一股腐朽的帝王气息，是不是你们那儿埋的皇帝太多了？

陈忠实：我感觉到的恰恰相反，是陕西作家的农民气息。

网　友：陈老师，陕西的作家和山东的作家都有很重的"乡土情结"，您认为呢？

陈忠实：这可能与作家自己生存的环境有关系。

网　友：陕西的作家有派系之分吗？

陈忠实：陕西作家有一个大派叫作黄土派，但大派里面风格各异，都具个性，差异很大。

网　友：您能否概括一下陕西的文化特征？

陈忠实：陕西文化的特征应该到司马迁的《史记》那里去找。

网　友：陈老师，您出访过美国吗？你最喜欢的外国作家是谁？

陈忠实：出访过，我非常喜欢美国斯坦培克的作品。

网　友：当作家是不是很辛苦？

陈忠实：是的。

网　友：当作家生活水平如何？

陈忠实：各个作家的生活水平也有很大差别，有富人也有穷人，我属于温饱阶层。

网　友：陈老师如果有下辈子的话，您还想当作家吗？

陈忠实：这要看我下一辈子最敏感的那根神经是什么。

网　友：陈老师，您的《舔碗》表现的是什么？

陈忠实：让我解释自己的作品往往很尴尬。

网　友：您有出自传的打算吗？

陈忠实：我感觉现在还不是写作自传的时候。

网　友：写作影响了您的人生观吗？

陈忠实：是人生观影响写作。

网　友：那么写作是否使您的人生观发生了改变呢？

陈忠实：起码写作这种劳动对于我发生了重要影响。

网　友：您的书我看过几遍，很佩服您写的真实，您有没有想不再现实，像王朔一样？

陈忠实：我可能摆脱不了现实对我的诱惑。

网　友：陈先生，您认为是否西部文学也会像现在"西部大开发"一样，不久就会异常繁荣起来呢？

陈忠实：我觉得这两者之间没有必然的联系。

网　友：陈老师，您的另一半是如何评价您的作品呢？

陈忠实：我的这一半和那一半是对应的。

网　友：您有几个子女，愿意透露吗？

陈忠实：两女一男。

网　友：能简单谈一下您的读书生活吗？现在您在读什么书？

陈忠实：读书是我文学生活中非常重要的组成部分，我最近还在读拉美几个作家的作品和他们谈写作的文章。

网　友：陈大叔，您最近在读拉美的作品，那您认为《百年孤独》怎么样？

陈忠实：这是我读的第一本而且是最好的一本拉美作品。

网　友：网上文学是否是个挑战？

陈忠实：因为我不懂网上文学，所以对我没有什么威胁。

网　友：您还想养白鸽吗？

陈忠实：现在心境也差了，也没那个条件了。

网　友：您在作协是"主席"，影响不影响您写作？

陈忠实：当然影响。

网　友：当作协主席累，还是创作累？

陈忠实：前者比后者更累。

网　友：去年夏天您说您最难受的事情是在感情方面的失落，快一年了有没有改变？

陈忠实：我正在走出感情低谷。

网　友：陈先生你想获诺贝尔文学奖吗？

陈忠实：这不是一厢情愿的事情。

网　友：您喜欢把自己的作品改编成电视剧吗？

陈忠实：当然喜欢了。

网　友：对于您来说，最欣赏的品质是什么？

陈忠实：诚实和刚毅。

网　友：您脸上的纹路让我觉得我将是"陈忠实二世"，您允许吗？

陈忠实：你可别学我，呵呵，当然有姑娘喜欢这样的脸除外。

网　友：陈老师，您的脸有张艺谋的特征——刀刻的纹路。

陈忠实：张艺谋比我英俊。他的脸是用雕刀刻的，我的脸是粗糙的西北风刻的。

网　友：张艺谋说"陕西人一根筋"，是这样吗？

陈忠实：这个问题最好让张艺谋去回答。

网　友：陈村先生已经在网上安家了，您有没有这种在网上栖身的打算？

陈忠实：我暂时没有。

网　友：陕西的作家是不是要来个集体上网？

陈忠实：我希望有那一天。

网　友：您经历过几次爱情？

陈忠实：请尊重我的隐私权。

网　友：对您来说，最大的幸福是什么呢？

陈忠实：就是把我对世界的感觉能充分表现出来。

网　友：请问陈忠实先生，您到底忠实于什么？灵魂，生活，或者钱？

陈忠实：主要忠实于我的良心。

网　友：一本好书的评价标准是不是由读者来定？

陈忠实：当然。

网　友：白鹿原那儿的人一定会很有钱吧？

陈忠实：白鹿原人已经获得改革带来的很大好处，但也仅仅是相对而言。

网　友：您最近还看足球吗？

陈忠实：经常看。

网　友：老陈，能不能谈谈足球？听说您也喜欢足球？

陈忠实：我对足球有一种本能的激情。

网　友：您喜欢国外的哪一支足球队？

陈忠实：曼联。

网　友：陈老师，您写作时有什么嗜好吗？

陈忠实：喝茶、抽烟、喝酒和听秦腔。现在已经戒酒了。

网　友：陈老，您现在抽的是雪茄吗？是国产的吗？

陈忠实：我抽的雪茄是陕西汉中的产品，你现在闻到了吗？

网　友：张贤亮下海，您会不会也下海？

陈忠实：我不具备张贤亮经商的智慧。

网　友：陈老师，您的样子长得有点酷！！！

陈忠实：我至今把握不住"酷"的含义。

网　友：陈老师，您近来身体怎么样？

陈忠实：还好，每顿还能吃一碗羊肉泡馍。

网　友：您的人生阅历一定很丰富了？

陈忠实：这个我永远都不会满足。

网　友：以您现在的年龄，对生活最大的感悟是什么？

陈忠实：认真面对生活，不断增强对生活中的痛苦的承受力。

网　友：陈老师，您是老实人呢？还是情感的骗子？

陈忠实：这只能由你判断。

网　友：您写到什么时候封笔？

陈忠实：写到我变成植物人，如果是那样。只要有思维，我还会写。

网　友：您最喜欢哪座城市？

陈忠实：西安。

网　友：您今晚是赤胆战群雄。

陈忠实：我觉得很愉快，是交流不是舌战。

2000年3月18日

陷入与沉浸
——《延河》创刊 50 年感怀

我至今依旧清楚无误地记着,《延河》是我平生最早闻名的第一种文学杂志。这是 50 年前的事了。50 年前的一个大雪初霁的早晨,我和同学正在操场上扫雪,语文老师站在身后叫我,让我到语文教研室去。我开始有点忐忑,此前曾因为他对我的一篇作文的评语闹过别扭,所以心存戒备。走出扫雪的人窝,老师把一只胳膊搭到我的肩膀上,这个超常超级亲昵的动作,顿然化释了我的小心眼里的芥蒂,却也被骤然潮起的受宠惊慌得不知所措。

到了一楼的语文教研室。刚进门,我的语文老师车老师以玩笑的口吻宣布:"二两壶来了。"教研室里五六位男女教师哄笑起来。我有点手足无措。"二两壶"是我在作文本上写的一篇小说里的一个人物的绰号。我的语文老师车老师把我领到他的办公桌前,颇动情地告诉我,西安市教育系统搞中学生作文比赛,每个学校推荐两篇作文,我的这篇小说被选中了。末了,他很诚恳地说,除了参评,他还要把这篇小说投稿给

《延河》。他告诉我两点,如果能发表,会有稿费的,他显然知道我因家庭经济不支而休学的事。他说投稿由他来抄写,"你的字写得不行。"我由此知道了《延河》。这是初中二年级第一学期的一个大雪的早晨。

《延河》又是我掏钱购买的第一种文学杂志。这也是近50年的事了。1959年春天,我得知柳青的《创业史》将在《延河》连载,竟然有一种按捺不住的兴奋和期待,自然属于对一位著名作家的膜拜,更多的因素是出于某种揭秘式的好奇心理。我已经听说柳青在终南山下的长安农村深入生活的事。我常常站在学校大门外刚刚返青的麦地边上,眺望白云凝然的终南山峰,柳青无疑是世界上离我最近的一位作家,不过几十华里的距离吧。他的笔下将会使关中乡村呈现怎样一种风貌?这无疑是我所能读到的第一部描写我脚下这块土地的小说,新鲜新奇的神秘感几乎是无法抑止的。

我读书到初中三年级,转学到了离家较近的西安东郊刚刚兴起的纺织工业基地,通称纺织城,学校设在大片住宅楼东边一片开阔的高地上,校门口便是庄稼地。我仍然继续着背馍上学的生活,硬是把家里给的买咸菜的零钱省下来攒起来,到纺织城邮局去买一本当月出版的《延河》。记得《创业史》在《延河》连载的第一期,书名为《稻地风波》,有通栏长幅插图作为衬底,是诗情画意的稻田畦埂和灌渠上一排排迎风摆动的白杨树,远处的背景是淡墨涂描的终南群峰。看到这幅题头画儿,我印证的却是我家门前灞河川道的自然景致,从未见过有什么画儿让我感到如此逼近的真实和亲切。同样，我读着作为《稻地风波》（即《创业史》）引子的《题记》时的完全沉迷，也是此前读任何小说都未曾发生过的逼近的真实和真切，且不说艺术成就的评价，我一个初三学生也难得估价这部作品的分量，而真实和真切的阅读感受却是比任何世界名著都强烈。

这样，我每月头上最操心也最兴奋的事，就是捏着积攒下来的两毛钱走进邮局，买一本新出的《延河》，无异一个最开心的节日。我在《延河》上认识了诸多当时中国最活跃的作家和诗人，直到许多年后，才在一些文学集会上得以和他们握手言欢，其实早已心仪着崇敬着乃至羡慕着了。

像茹志鹃的《百合花》，吴强的《红日》选章，王汶石的许多短篇，不仅在文学史上占有举足轻重的位置，更在普通读者中享有盛誉。尤其是茹志鹃和吴强的两篇（部）佳作，据说辗转过好几家编辑部都被退稿，均不是作品的水平问题，而是作品情调或写法有什么问题。《延河》敢于拍板发表，不单是胆子大小的事，恰是对文学创作艺术本体的尊重和坚守，以及由此而拥有的自信和神圣。

《延河》已成为大家名作云集的一方艺术天地。我在喜欢它的同时，也产生了畏怯心理，可望而不可即的文学高地。此后十余年的业余创作时日里，我一次也没有往《延河》编辑部里投过稿。我的自我把握是尚不够格，《延河》在我心里业已形成的那个高格。尽管我已经在西安的报纸上发表了七八篇散文。直到1972年的冬天，徐剑铭把我的一篇散文推荐给编辑路萌、董得理，我才走进了《延河》的门槛。

这年接到徐剑铭一封信，告诉我一个重要消息，"文革"中被砸烂的陕西作家协会（当时称中国作家协会西安分会）恢复工作，为避"四旧复辟"之嫌，改为陕西省文艺创作研究室。出于同样的顾虑，即将复刊的《延河》也改名为《陕西文艺》。徐剑铭还告诉我，他刚刚参加过由《陕西文艺》召集的一次西安地区业余作者座谈会，希望大家给刊物写稿，并推荐工人农民解放军（工农兵）新作者。那时候，许多著名作家被打倒，有的未被"解放"，有的虽被"解放"了，仍心存余悸，无法进入创作，刊物主要靠业余的工农兵作者写稿。徐剑铭在"文革"前已是西安地区卓有影响的工人身份的诗人。他说他向董得理、路萌等编辑推荐了我，两人均表示毫不知晓。他说他同时推荐了我刊登在《郊区文艺》上的一篇散文《水库情深》，而且由他剪贴下来送到编辑部。我很感动。这种热心和无私给我以永远动人的记忆。

大约是1971年"林彪叛逃事件"之后，"极左"到无以复加的"文革"有所收敛，政策也有所调整，体现在文艺界，开始恢复文艺机构和文艺创作。我所在的西安郊区，由文化馆召集本区内的业余文学作者开会，创办了《郊区文艺》自编自印的文学刊物。我和郊区一帮喜欢创作的朋友兴奋不已，写作热情不必说了，而且到印刷厂里亲自做校对。我的散文《水库情深》就刊登在《郊区文艺》创刊号上。我尚不知身居城区的剑铭竟然看到了这本内部交流刊物，而且力荐给即将创刊的

《陕西文艺》(即《延河》)。

时隔不久,接到《陕西文艺》编辑部的一封信,内装我的散文《水库情深》,是发在《郊区文艺》上的剪贴样稿,在边角上用红笔修改勾画得一片红色。我当时刚刚从村子里下乡回到公社机关,看了附信,得知此稿将在《陕西文艺》创刊号发表,下乡一天的劳累烟飞云散了,饥肠辘辘的感觉也消失了,兴奋得令人慌乱的情绪,竟使我无法坐下来阅读修改的文字。直到晚饭后,我才能静下心来把这篇习作再读一遍,尤其是那些用红笔修改的字句,细细嚼磨,反复推敲,求得启示。

之后两三天,我借着到郊区开会进城之机,顺便送去了修改稿。陕西省文艺创作研究室和《陕西文艺》编辑部,在东木头市那条巷子里。怀着诚惶诚恐却也兴奋的心情走进院子,问到一间屋子,便看见了董得理和路萌,说过几句很诚恳的见面话之后,董得理离开了,由路萌和我谈稿子。我这时才得知,用红笔勾画修改过习作的人,就是和我当面坐着的这个名叫路萌的编辑。他很客气。他很和悦。他很谦逊。他长得细皮嫩脸,文质彬彬又热情洋溢。他最像个文人……我进了早就仰慕着的《延河》的大门了。

1973年春天,我到位于纺织城的西安郊区党校参加为期一月的"学习班"。我在公社机关工作已经5年,对关中乡村生活和农民世界开始有初步了解。我的工作,除了参加会议,多是跑在或住在生产队里,很少有相对安定和清闲的日子,这次长达一个月的有规律的作息时间的日子,对我来说简直称得上享受了。就是在这期间，我利用早起的时间，或是晚上看电影的机会，躲开大厅通铺的人，写成了我平生的第一个短篇小说《接班以后》，中学作文本上的小说除外。这篇小说从字数上来说具有突破的意义，接近两万字，是我结构故事完成人物的一次自我突破。我记不清是用信寄到《陕西文艺》编辑部，抑或是亲自送去的，只记得时隔不久，便收到董得理用很富功力的毛笔字写下的长信，对这篇小说完全肯定，多有赞美的评语，而且似乎说到编辑们传阅过程中的热烈反应，信末约我到编辑部交换一些细节处理的意见。我同样利用到城里开会的机会，第二次走进东木头市《陕西文艺》编辑部的大门。这回是董得理和我谈稿，我似乎能觉察到他在刊物编辑部负有重要责任。他很兴奋，完全是对他喜欢的一篇小说由衷的兴致。他也很严谨，对小说的细部包括不恰当的字词都谈到了。他又很坦率，谈到真正的文学和当时流行的"假大空"文艺的区别，我更感动他的胆识和真诚，第一次谈话就敢说对"假大空"类文艺的不恭之词。

这篇小说在《陕西文艺》第三期上发出来了。我看到题头上配着一幅神采飞扬的人物肖像画儿，是现在的西安国画院院长王西京的作品。王西京当年供职《西安日报》美术编辑，已经崭露出画画儿的头角。小说发表后产生了广泛影响。编辑部把这期杂志送给柳青。关于柳青对《接》的反应，我却是从《西安日报》文艺编辑张月赓那里得到的。老张告诉我，和他同在一个部门的编辑张长仓，是柳青的追慕者，也是很得柳青信赖的年轻人。张长仓看到了柳青对《接》修改的手迹，并拿回家让张月赓看。我在张月赓家看到了柳青对《接》文第一节的修改本，多是对不大准确的字词的修改，也划掉删去了一些多余的赘词废话，差不多每一行文字里都有修改圈画的笔迹墨痕。我和老张逐个斟酌掂量那些被修改的字句，接受和感悟到的是一位卓越作家的精神气象，还有他的独有的文字表述的气韵，追求生动、准确、形象的文字的"死不休"的精神令我震惊。这应该是老师对学生的一次作文辅导，铸成我永久的记忆。今天想来颇感遗憾的事，那时候没有复印设备，这本经柳青修改的刊物，在我看过之后就被张长仓收回了，据为珍藏。

新创刊的《陕西文艺》，很快聚拢起一批青年作家。不过，那时候没有谁敢自称作家，也没有他称作家，他称和自称都是作者，常常还要在作者名字之前标明社会身份，如工人作者农民作者解放军作者等，自然是为区别于"文艺黑线"，表明"工农兵"占据了文艺阵地。邹志安、京夫、路遥、贾平凹、李凤杰、韩起、徐岳、王晓新、王蓬、谷溪、李天芳、晓雷、闻频、申晓等，先后都在《陕西文艺》上初露头角，进行了最初的文学操练，到"四人帮"垮台，这些人呼啸着呐喊着跃出，一个个都成为荒寂十年后的文坛上耀眼的新星，形成中国文坛令人瞩目的陕西青年作家群。1981年，中国作协选定湖南和陕西，作为新时期中国南北两个形成作家群体的省份交流经验，陕西乡党阎纲受《文艺报》委托回陕调研，我参加了座谈会。湖南青年作家到陕访问，陕西青年作家却未能按时回

1980年7月,太白县招待所,《延河》编辑部召开的农村题材短篇小说创作座谈会。前排左起:京夫,蒋金彦,邹志安,贾平凹。后排左起:路遥,徐岳,陈忠实,王蓬,王晓新

访,原因是我等家住农村,夏收需回家割麦碾场。我仍然觉得,改为《陕西文艺》的《延河》不过三四年,上有"极左"的政治和文艺政策铺天盖地,包括我等业余青年作者受到束缚局限的同时,也受到"三突出"的不同程度的影响,然而有一批深谙艺术规律的编辑,如董得理、王丕祥、路萌、贺抒玉本身又是作家,他们实践着教导着也暗示给这些作者的是文学创作的本真。在《陕西文艺》存在的三四年里,我写作发表过三篇短篇小说,也是我写作生涯里的前三篇小说,1973年发《接

班以后》，1974年发《高家兄弟》，1975年发《公社书记》，一年一篇。这些作品的主题和思想，都在阐释阶级斗争这个当时社会的"纲"，我在新时期之初就开始反省，不仅在认识和理解社会发展的思想理论上进行反思，也对文学写作本身不断加深理解和反思。然而，最初的写作实践让我锻炼了语言文字，锻炼了直接从生活掘取素材的能力，也演练了结构和驾驭较大篇幅小说的基本功，这三篇小说都在两万字上下，单是结构对我来说都是一种突破。

  还有一点至今值得总结，就是我对作家这种劳动的理解。我后来把我对文学的偏爱和对创作的坚持，归结为一根对文字敏感的神经，以此作为对神秘的天分说的物质化解释。是这根与生俱来的对文字敏感的神经，决定着一个人从少小年纪就对文字发生偏爱，发生兴奋性的敏感，与书香门第以及奶奶的动人的歌谣无关，或者说这些书香家庭或会唱歌谣的奶奶，只对具备那根神经的人才发生影响，才起促进促成的作用。在20世纪70年代我写作上述那几篇作品的时候，实际是我对文学创作最失望的时候，自然是"文革"对前辈作家的残害造成的。我当时已谋得最基层的一个干部岗位，几乎不再想以写作为生的事，更不再做作家梦了。写作当不了饭吃，尽管发了几篇颇有反响的小说，董得理奖励给我的是一摞又一摞稿纸。我回到公社几乎只字不提写作的事，发了我小说的刊物压在桌斗里，从来不让公社机关任何人看见，怕给领导和同志造成不务正业不操心"学大寨"本职工作的恶劣印象。事实上，这三篇小说都不是在公社大院里写成的。《接》在党校学习期间抽空写成。《高》又是在南泥湾五七干校劳动锻炼的半年时间里写成,为此我自己买了一盏玻璃罩煤油灯,待同一窑洞的另三位干部躺下睡着,干校统一关灯之后,我才点燃自备的油灯读书和写作。读的是《创业史》,翻来覆去读;写成了《高》文。《公》则是被文化馆抽调出去工作时间的副产品。那个时候不仅没有稿酬,还有一根"极左"的棒子悬在天灵盖上,朋友、家人问我我也自问,为啥还要写作?我就自身的心理感觉回答:过瘾。这个"过瘾论"是我的最真实感受,也是最直白的表述。有如烟瘾,一年写一篇小说,有幸发表了,再得到编辑几句夸奖和读者的呼应,那个"瘾"就过得很舒适。许多年后,创作有了发展,对创作这种劳动的理解也有了新的层面的体验,也才明白那个"瘾"原是敏感文字的那根神经导致的。当年把写作当作"过瘾"的时候,只是体验和享受一种生命能量释放过程里的快乐和自信,后来发生的名和利的薄了厚了多了寡了是根本料想不到的。

新时期伊始,《延河》又恢复了。这自然不单是一个名字的改写,而是中国社会发展过程中一个重要的历史性转折,包括文学艺术,属于文学自身的精神和规律,重新得以接续、传承和发展。新时期恢复的《延河》,我发表的第一篇小说是短篇《南北寨》,此后每年都要发表一篇或两篇小说,统共发过多少篇已经记不清了,是我发表小说最多的一种文学杂志,却是确定无疑的。

到20世纪80年代初，我调进陕西作协专业创作组，以我自己的审视和把握，索性回到祖居的老家，其中最主要的原因是集中思想的注意力，充分利用中年后的后半生读书和写作。每隔十天半月，我就会来作协，开会或买煤买粮，只安着一张桌子一张床的两室的房子，我往往懒得开锁进门。开会办事的间隙，我都滞留转悠在编辑部的小院里，和老编辑聊天，更和年轻的或同龄的朋友天上地下乱扯胡诌，往往获得一些新鲜的信息和文坛动态，得到启迪。印象最深的是王观胜的兼着卧床的办公室，常是畅所欲言十分放纵的场所，路遥似乎是常客。聊到开心时，王观胜会打开立柜的木扇，取出某位作者进贡的高级咖啡，赐尝每人一杯，满屋子飘荡着令人陶醉的香气儿，路遥们的谈锋就会更幽然睿智。直到我告辞出门准备回乡下时，观胜送出门时才撂出一句："给咱得空再弄一篇（小说）。"文学的氛围，朋友的坦诚无忌，和咖啡清茶的香味弥漫在记忆里。还有李星那半间凌乱不整的办公室，常是我聆听文学新潮的气象站。

人生苦短，生命有限。创办《延河》的陕西第一代作家和编辑，有的年事已高，有的已经谢世。接替的一茬一茬主编和编辑，也一茬接一茬卸任。无论开创《延河》的先辈，无论接任又卸任的同辈，他们崇高的文学理想实践在《延河》里，他们各自独立的创造精神体现在《延河》上，他们为一代一代作家的成长和发展默默地躬耕在《延河》这块土地里。我以自己一个作家的真诚，向胡采们董得理们致敬。我向卸任的白描们、徐岳们和徐子心们致以真诚的问候,你们为《延河》的发展付出的智慧和心血,作为一个受益的同代作家的我,也铭记着。我更满怀信心寄望于新任主编常智奇们,《延河》将成为陕西新一代作家发展壮大的沃土和福地。

2006.3.7 二府庄

借助巨人的肩膀
—— 翻译小说阅读记忆

平生阅读的第一部翻译长篇小说,是《静静的顿河》。尽管时过四十多年,我仍然确信这个记忆不会有差错,人对自己生命历程中那些第一次的经历,记忆总是深刻。

从学校图书馆借这部小说时,我还不知道它是一部名著,更不了解它在苏联和世界文坛的巨大影响。那是我对文学刚刚发生兴趣的初中二年级,"反右"正在进行。我的语文老师是一位初出茅庐的中文系大学生,常常在语文课堂上逸出课本内容,讲某位作家某位诗人被打成"右派"的事,尤其是被称为"神童"的刘绍棠被定为"右派",印象最深刻了。好奇心也在同时发生,天才,神童,远远比那个我尚不能完全理解其政治内涵的"右派"帽子更多了神秘色彩,十分迫急地想看看这个"神童"在与我差不多接近的年龄所写的小说。课后我就到学校图书馆查阅图书目录,居然借到了《山楂村的歌声》短篇小说集,大约是学校图书馆尚未来得及清查禁绝"右派"作家的作品。大约是在这部小说集的"后记"里,刘绍棠说到他对肖洛霍夫的崇拜和对《静静的顿河》的喜欢。"神童"既然如此崇拜如此喜欢，我也就想见识这部长篇小说了。看到在图书馆书架上摆成雄壮一排的四大本《静静的顿河》，我还是抑制了自己的欲望，直等到暑假放学，我便把这四部大著背回乡村的家中。

  我知道了地球上有一条虽然不大却很美丽的河流叫顿河。这个顿河总是具象为我家门前那条冬日清冽夏日暴涨的灞河。辽阔的顿河草原上的山冈，舒缓柔曼的起伏转承的线条，也与我面对着的骊山南麓的坡岭和白鹿原北坡的气韵发生叠印和重合。还有生动的哥萨克小伙子葛利高里，风情万种的阿克西尼亚。我那时候忙于自己的生计，每逢白鹿原上集镇的集日，先一天下午从生产队的菜园里趸取西红柿、黄瓜、大葱、茄子、韭菜等，大约50斤，天微明时挑到距家约10华里的原上去，一趟买卖可赚一二元钱，整个暑假坚持不懈，开学时就可以揣着自己赚来的学费报到了。集日的间隔期里，我每天早晨和后晌背着竹条大笼提着草镰去割草，或下灞河河滩，或者爬上村庄背后白鹿原北坡的一条沟道，都会找到鲜嫩的青草。虽然因为年幼尚无为农业合作社出工的资格，而割草获得的工分比出工还要多。我在割草和卖菜的间歇里，阅读顿河哥萨克的故事，似乎浪漫到不可思议。我难以理解故事里的人物和内蕴，本属正常。所有这些也许并不重要，有幸的是感受到我的生活范围以外的另一个民族的生活形态，视野抵达一个几乎找不到准确方位的遥远的顿河草原，生活在那里的人们的快乐和悲伤竟然牵动着我的情感，而我不过是卖菜割草的一个尚未成年的乡村孩子。我后来才意识到，我喜欢阅读欧美小说的偏向，就是从这一次发生逆转的，从"说时迟，那时快"的语言模式里跳了出来。

另一次难忘的阅读记忆发生在"文革"期间。我已经几年都不读小说了。"文革"一开始，以"三家村"为标志的作家们的灾难，使我这个刚刚在地方报纸副刊上发过几篇散文的业余作者，终于得出一个最现实的结论，写作是绝对不能再做的事了。我把多年来积累的日记和生活纪事，悄悄从学校背回乡下家中，在后院的茅房里烧毁了，也就把因为一句不恰当的话而招致灾难的担心解除了。我后来被借调到公社（乡）帮忙，遇见了初中的地理科任老师。他已经升为我们公社地区唯一一所中学的校长，"文革"中惨遭批斗，新成立的"革委会"拒不"结合"他。公社要恢复"文革"中瘫痪多年的基层党支部，他也被借调来公社帮助工作，我和他就重新相聚了。我听他说来此之前在学校闲着，分配他为图书管理员。这一瞬我竟然心里一动，久违了的好陌生的图书馆呀。他说学校的图书早已被学生拿光了，意在他这个管理员是有名无实。我却不甘心，总还有一些书吧？他不屑地说，偷过剩下的书在墙角堆着。我终于说服了他，晚上偷偷潜入校园，打开图书馆的铁锁，不敢拉亮电灯，用事先备好的手电筒照亮，在那一堆大多被撕去了书皮的书堆里翻拣。真是令人喜出望外，我竟然获得了《悲惨世界》《血与沙》《无名的裘德》等世界名著。我把这些书装入装过尿素的塑料袋，绑捆到自行车后架上，骑车出了学校大门，路边是农民的菜地，如做贼得手似的畅快。我的老师再三叮嘱我，绝对不能让任何人看见这些书，我便发誓，即使不慎被谁发现再被揭露，绝不会暴露书的真实来处，打死我都不会给老师惹麻烦。

于是就开始了富于冒险意味的阅读。这大约是20世纪70年代的事。处于"文革"中期的整个社会氛围是难以确切描述的，我只确信一点，未曾亲自经历过的人是不可能有那种亲历者的直接感受的。大约也就在这个时候，八个样板戏里的头几个样板被推出来。整个社会都挥舞着一把革命的铁帚，扫荡"封资修"——那些古今中外的优秀文化和文学遗产。我在一天工作之后洗了脚，插死门扣，才敢从锁着的抽屉里拿出那本被套上"毛选"外皮的翻译小说来，进入一种最怡静也最冒险的阅读，院子里传进来干部们玩扑克为一张犯规的出牌而引发的争吵。最佳的阅读气氛是在下乡住到农民家里的时候。那时候没有电视，房东一家吃罢晚饭就上炕睡觉了，在前屋后窗此起彼伏的鼾声里，我与百余年前法国的一位市长冉阿让相识相交，竟然被他的传奇故事牵肠揪心难以成眠；抑或是陌生到无法想象的西班牙斗士，在斗牛沙场和社会沙场上演绎的悲剧人生；还有那个"多余人"裘德，倒是更能切近我的生活，尽管有种族习俗和社会形态的巨大差异，然而作为社会底层的被社会遗忘的"多余人"的挣扎和痛苦，却是穿透任何差异的共通的心灵情感，甚至可以作为我理解自己身边那些乡村农民的一个参照。许多年以后，我才从开禁的有关资料中得知，《无名的裘德》是欧洲文坛曾经颇有影响的写社会底层"多余人"文学潮流的代表作之一，包括高尔基也写过这类人物和很具影响的一部长篇小说，名字记不得了。

这应该是我文学生涯里真正可以称作纯粹欣赏意义上的阅读。此前和后来的阅读，至少有"借鉴"的职业性目的。此时此境下的阅读纯粹是欣赏，甚至是消遣，一种长期形成的读书习惯所导致的心理欲望和渴求。因为"文革"开始我就不再做作家梦了，四五年过来，确凿不再写过任何属于文学色彩的文章。读着这些世界名著的时候，也没有诱发写作欲望或重新再做作家的梦想，然而我依然喜欢阅读。阅读这些一概被斥为"封资修黑货"的小说，耳朵里灌进的是以毛主席语录谱写的歌曲，还有样板戏的唱段，乡村树杈上的高音喇叭从早到晚都在向田野和村庄倾泻着，在我的心里，正好是无产阶级文艺和资产阶级文艺全面对抗尖锐冲突"你死我活"的双方交战的场面。我那时尚不能做出判断，以"样板戏"为代表的中国无产阶级文艺如何发展前景怎样，然而却确实发生最基本的属于常识层面上的怀疑，欧洲的无产阶级和穷人喜欢如《悲惨世界》《血与沙》《无名的裘德》等这一类作品，我不可能有任何片纸只言的资料，所在只能依常情常理来推测。依据仍然是这些文本，它们都是为劳动者呐喊的呀。我至今也无法估量发生在"文革"中间的这种最纯粹的阅读，对我后来创作的发展有何启示或意义，但有一点却是不可置疑的，欧洲作家创造的这些不朽作品，和我的情感发生过完全的融汇，也清楚了一点，除过八个样板戏，还有如上述的世界名作在中国以外的世界上传诵不衰。

还有一次发生在"文革"后期的阅读是难忘的。大约是1975年春天，我到西安电影制片厂去改编电影剧本，意料不到地读到了苏联作家柯切托夫的几部长篇小说。需稍作交代，此前两年，被砸烂了的省作家协会按照上级指示开始恢复，在农村或农场经过劳动改造且被审定没有"敌我矛盾"的编辑和作家，重新回到西安，着手编辑文学刊物。为了与原先的"文艺黑线"划清界限，作家协会更名为创作研究室，《延河》杂志也改为《陕西文艺》。老作家们虽被"解放"，仍然不被信任，仍然心有余悸，"工农兵"业余作者一下子吃香了。我也正是在这时候写下了平生的第一个短篇小说，且被刚刚恢复业务的西影厂看中，拟改为电影。我到西影厂以后，结识了几位和我一样热心创作的业余作者。记不清谁给我透露，西影厂图书资料室有几本"内部参考"小说，是供较高级领导干部阅读参考的，据说这几本小说揭露了"苏联修正本义"的内幕。我经过申请，得到有关领导批准，作为写剧本的业务参考，破例破格阅读"高干"的参考书。

第一本是《州委书记》。作者是柯切托夫。这部小说写了两个苏共的州委书记，拿我们的习惯用语说，一个实事求是做着一个州的发展和建设工作，另一个则是欺上瞒下虚夸成绩搞浮夸风。前者不断受挫，后者屡屡得手于表彰升迁等。结局是水落石出，后者受到惩治，前者得到伸张。依着今天我们的眼界来说，这部小说的主旨和人物几乎没有什么新颖之处。然而在1975年的时空下，我的震撼和兴奋几乎是难以抑止的。1975年再度加压的政治气氛，却无法堵住中国人私下的议论，包括直白的诅咒和谩骂，这应该是施虐近十年的"极左"路线穷途末路的一个先兆。我可以和几位朋友在私下里谈《州委书记》。我甚至以为把作品人物名字换成中国人的名字，把集体农庄换成公社或生产队，读者的感觉就会毫无差异……

兴趣随之由作品转移到作家本身，柯切托夫创作历程中的几次转折似乎更富于参照意义。我连续在西影图书馆借到了柯切托夫的两本长篇小说，都是"文革"前已经翻译出版的《茹尔宾一家》和《叶尔绍夫兄弟》，以城市家族的角度，写产业工人在社会主义劳动中的英雄主义精神，都公开出版发行的。这个以写和平建设时期的英雄而在苏联和中国都很有名气的作家，到20世纪60年代，把笔锋调转到另一个透视的角度。揭示苏共政权机关里的投机者，以致他的《州委书记》等长篇成为中国"高干"了解"苏修"社会黑幕政权质变的参照标本。柯切托夫为什么会发生这样的转折？显然不是艺术形式追求变化层面上的事，而是作家的思想。作家思想发生了怎样的变化？是什么东西促成了柯切托夫的这种变化和视点的转移，当时找不到任何可资参考的资料。我唯一能做出判断的是，这既需要强大的思想穿透力，也需要具备思考者的勇气。

到20世纪80年代初，柯切托夫的作品重新出现在新华书店的售书架上，包括曾经做"高干"内参的《州委书记》。我在从书架上抽出这本小说交款购买的简短过程里，竟然有一种无名的感叹，不过六七年时间，似乎有隔世的陌生而又亲切的矛盾心理。不久又见到《你到底要什么》，柯切托夫直面现实的思考和发问，尖锐而又严峻，令人震撼。这个书名很快在中国普及，且被广泛使用。随后又购买到了《落角》，柯切托夫的变化再一次令我惊讶，无论从思想到艺术形式，几乎让我感觉不到柯切托夫的风格了，有点隐晦，有点象征，更多着迷雾，几乎与之前的作品割断了传承和联系。转折如此之大，同样引起我的兴趣，柯切托夫自己"到底要什么"？尽管我难以做出判断，却清楚地看到一个作家思想、情感以及艺术形态的发展轨迹，早期歌颂英雄的鲜明立场和饱满的情感，转折到对生活里虚伪和丑恶的严厉批判揭露，再到对整个社会和人群发出严峻的质问，"你到底要什么"，一时成为整个社会都无法回避的问题，最后发展到晦涩的《落角》，我都不大读得懂了。自然是作家主体的思想和情感发生了变化，然而是什么东西促成了这种变化，我却无法判断。隐蔽在晦涩文字下的情绪，直接感到那个曾经洋溢着热情闪烁着敏锐思想光芒的柯切托夫可能太累了，且不断定其失望与否。这样一个曾经给我们提供过"参考"样本的作家，死亡时，苏共勃列日涅夫亲自参加了他的追悼会，似乎并不计较他对苏联社会的揭露、批判、诘问和某种晦涩的失望。

到20世纪80年代初，在省作协院子里，出现过一阵苏联文学热。中苏关系解冻，苏联文学作品有如开闸之水，倾泻过来，北京两所外语高校编辑出版了两本专门翻译介绍苏联作家和作品的杂志《苏联文学》和《俄苏文学》，这是空前绝后的事，可见对苏联文学之热不单在我的周围发生，而是一个范围更大的普遍现象。我把这两本杂志连续订阅多年，直到苏联解体杂志停刊，可见对苏联文学的关爱之情。我通过这两本杂志和购买书籍，结识了许多苏联作家。我那时候住在乡下老家，到作家协会开会或办事，常常在《延河》编辑兼作家王观胜的宿办合一的屋子里歇脚，路遥也是这个单身住宅里的常客，话题总是集中到苏联作家和作品的阅读感受上。艾特玛托夫、舒克申、瓦西里耶夫，还有颇为神秘的索尔仁尼琴，等等，各自阅读体验的交流，完成了互补和互相启示，没有做作，不见客套，其本质的获益肯定比正经八百的研讨会要实在得多。在大家谈到兴奋时，观胜会打开带木扇的立柜，取出珍藏的雀巢咖啡，这在当时称得最稀罕最昂贵也最时髦的饮料，犒赏每人一杯，小屋子里弥漫着烟气，咖啡浓郁的香气也浮泛开来。

我感到了面对苏联的历史和现实，不同的作家以不同的思想视角和艺术形态，展示出独立的思维和独立的体验，呈现出独有的艺术风景，柯切托夫属于其中的一景。我开始意识到要尽快逃离同一地域同代作家可能出现的某些共性，要寻求自己独自的生活体验和艺术体验，才可能发出富于艺术个性的独自的声音。真正蓄意明确的一种阅读，发生在此前几年。1978年春天，作为家乡灞河河堤水利会战工程的主管副总指挥，我住在距水不过50米的河岸边的工房里，在麦秸作垫的集体床铺上，我读到了《人民文学》发表的刘心武的《班主任》。我的最直接的心理反应，用一句话来概括，创作可以当作一项事业来干的时代到来了！我在6月基本搞完这个8华里河堤工程之后，留给家乡一份纪念物，就调动到文化馆去了。我到文化馆上班实际已拖到10月，在一个无人居住的残破的屋子里安顿下来，顶棚塌下来，墙上还留着墨汁写的"文革"口号，"打倒""砸烂"之类。我用废报纸把整个四面墙壁糊贴了起来，满屋子都是油墨气味，真是书香四溢了。我到文化馆图书馆借书，查封了十余年的图书馆刚刚开禁。我不自觉地抽取出来一本本"文革"前翻译出版的小说。我在泛读的过程中，很自然地把兴趣集中到莫泊桑和契诃夫身上。想来也很自然，我正在练习写作短篇小说，不说长篇，连中篇写作的欲望都尚未萌生。在读过所能借到的这两位短篇大师的书籍之后，我又集中到莫泊桑身上。依我的阅读感觉来看，契诃夫以人物结构小说，莫泊桑以故事结构小说塑造人物：前者难度较大，后者可能更适宜我的写作实际。这样，我就在莫泊桑浩瀚的短篇小说里，选出十余篇不同结构形式的小说，反复琢磨，拆卸组装，探求其中结构的奥秘。我这次阅读历时三个月，大约是我一生中最专注最集中的一次阅读。这次阅读早在我尚未离开水利工地时就确定下来，是我所能寻找到的自我把握的切合实际的举措。我从《班主任》的潮声里，清楚地感知到文学创作复归艺术自身规律的趋势。我以为"文革"期间"极左"政治和

"极左"的文艺政策，因为太离谱，早已天怒人怨，连普通读者和观众都背弃不信；倒是"文革"前17年里越来越趋"左"的指导创作的教条，需得一番认真的清理。我那时比较冷静地确认这样一个事实，自从喜欢文学的少年时期到能发表习作的文学青年，整个都浸泡在这17年的影响之中，关于文学关于创作的理解，也应该完成一个如政治思想界"拨乱反正"的过程。我能想到的措施就是阅读，明确地偏向翻译文本，与大师和名著直接见面，感受真正的艺术，才可能排解剔除意识里潜存的非文学因素。我曾经在10年前的一篇短文里简约叙述过这个过程，应该是我回归创作规律至关重要的一步，应该感谢契诃夫，还有莫泊桑，在他们天赋的智慧创造的佳作里，我才能较快地完成对"极左"的创作理论清理剔除的过程。到1979年春节过后，我的心理情绪和精神世界充实丰沛，洋溢着强烈的创作欲望，连续写下10个短篇小说，成为我业余创作历程中难以忘却的一年。

阅读《百年孤独》也是读书记忆里的一次重要经历。我应该是较早接触这部大著的读者之一。在书籍正式出版之前，朋友郑万隆把刊载着《百年孤独》的《十月·长篇专刊》赐寄给我。我在1983年早春参加中国作协在河北涿州召开的"农村题材创作研讨会"期间，看到万隆正在校对《百年孤独》的文稿，就期盼着先睹这部刚刚获得诺贝尔文学奖的新世界文学名著。一当目触奥雷连诺那块神秘的"冰块"，我就在全新的惊奇里吟诵起来。我在尚不完全适应的叙述形式叙述节奏里，却十分专注地沉入一个陌生而神秘的生活世界和陌生而又迷人的语言世界。恕我不述这部在中国早已普及的名著初读后的诸多感受,这里只用一个情节来概括。1985年夏天,省作协在延安和榆林两地连续召开"长篇小说创作促进会",我有几分钟的最简短的发言,直言阅读《百》著的感受,大意是,如果把《百》比作一幅意蕴深厚的油画,我截止到目前的所有作品顶多只算是不大高明的连环画。我的话没有形成话题,甚至没有任何反应,甚至产生错觉,以为我有矫情式的过分自贬。我也不再继续阐释,却相信这种纯粹属于自我感觉所得出的自我把握。这次阅读还有一个不期而至的效果,就是使我把眼睛和兴趣从苏联文学上转移了。

我关注有关拉美魔幻现实主义的作家和作品,尤其是介绍或阐释魔幻现实主义的资料。我随后在《世界文学》上,看到魔幻现实主义的开山大师卡朋铁尔篇幅不大的长篇小说《王国》,据介绍说这是魔幻现实主义的首创之作。同期配发了介绍卡朋铁尔创作道路的文章,我才对魔幻现实主义的创立和发展有了一个较为清晰的脉络。据说《王国》之前拉丁美洲尚无真正创造意义的文学,没有在世界上引起关注的作品和作家。《王国》第一次影响到欧洲文学界,是以其陌生的内容更以其陌生的形式引起惊呼,无法用以往的所有流派和定义来归纳《王国》,有人首创出"神奇现实主义"一词概括,且被广泛接受。《王国》引发了拉丁美洲文学新潮,面对一批又一批新作品新作家的潮涌,欧美评论界经过几年的推敲,弄出一个

"魔幻现实主义"的词汇，似乎比"神奇"更能准确把脉这一地域独具禀赋的作品特质。

对我更富启示意义的是卡朋铁尔艺术探索的传奇性历程。他喜欢创作之初，就把目光紧盯着欧洲文坛，尤其是现代派。他为此专程到法国，学习领受现代派文学并开始自己的写作，几年之后，虽然创作了一些现代派作品，却几乎无声无响，没有引起任何人的注意。他在失望至极时决定回国，离去时有一句名言：在现代派的旗帜下容不得我。他回到古巴不久，就专程到海地"体验生活"去了。据说他选择海地的根本理由，这是拉丁美洲唯一一个保持着纯粹黑人移民的国家。他在那里调查研究黑人移民的历史，当然还有现实生存形态。他在海地待了几年时间我已无记，随后他就写出了拉丁美洲第一本令欧美文坛惊讶的小说《王国》。我只说这个人对我启示最深的一点，是关于我对乡村生活的自信被击碎了。我的生活史和工作历程都在乡村，直到读卡朋铁尔的作品，还是在祖居的老屋里忍受着断电点着蜡烛完成的。我突然意识到，我连未见过面的爷爷以及爷爷的兄弟们的名字都搞不准确，更不要说再往上推这个家庭的历史了，更不要说爷爷们曾经在我现在居住的这个屋院里的生活秩序了，我在家乡农村教书和在公社（乡）工作整整20年，恰好在改革开放之前和之后，我一直自信对解放以后乡村经历的欢乐和灾难的全过程的了解和感受，包括我的父亲从自家槽头解下缰绳，把黄牛牵到初级农业合作社里将一孔废弃的窑洞改装成的饲养大槽上。这时，才意识到对于企图从农村角度述写中国人生活历程的我来说，对这块土地的了解太浮泛了。也是在这一刻，我突然很懊悔，在"文革"之初破"四旧"烧毁族谱时，至少应该将一代又一代祖宗的名记抄写下来，至少应该在父亲谢世之前，把他记忆里的祖辈们的生活故事（哪怕传闻）掏挖出来。我随之寻找村子里几位年龄最高的老者，都说不清来龙去脉，只有本门族里一位一字不识的老者，还记得他儿时看见过的我的爷爷的印象，高个子，后脑上留着刷刷（从板刷得到的比喻，剪辫子的残余）头发，谁跟外村人犯了纠葛，都请他出面说事；走路腰挺得很硬，从街道上走过去，在门口敞怀给娃喂奶的女人，都吓得转身回屋去了。这是他关于我爷爷的全部记忆里的印象，也是我至今所能得到的唯一一个细节。这个细节从听到的那一刻，就异常活跃地冲撞我的情感和思维，后来就成为我的长篇小说《白鹿原》主要人物白嘉轩的一个体形表征，尽管那时候还没有这部小说的构想。

几乎与此同时，中国文坛呈现出"寻根文学"的鲜活生机。我不敢判断这股文学新潮是否受到拉美文学爆炸的启示或影响，我却很有兴趣地阅读"寻根文学"作品，尽管我没有写过一篇这个新流派的小说。我后来很快发现，"寻根文学"的走向是越"寻"越远，"寻"到深山老林荒蛮野人那里去了，民族文化之根肯定不在那里。我曾在相关的座谈会上表述过我的遗憾，应该到钟楼下人群最稠密的地方去"寻"民族的根。我很兴奋地处在20世纪80年代中期的文坛里，多种流派交相辉映，有"各领风骚一半年"的妙语概括其态势。其中有一种"文化心理结构"的创作理论，使我茅塞顿开。人是有心理结构的巨大差异的。文化决定着人的心理结构的形态。不同种族的生理体形的差异是外在的，本质的差异在不同文化影响之中形成的心理结构的差别上；同种同族同样存在着心理结构的截然差异，也是文化因素的制约。这样，我较为自然地从性格解析转入人物心理结构的探寻，对象就是我生活的渭河流域，这块农业文明最早呈现的土地上人的心理结构，有什么文化奥秘隐藏其中，我的兴趣和兴奋有如探幽。卡朋铁尔进入海地，"寻根文学"和"文化心理结构"创作理论，这三条因素差不多同时影响到我，我把这三个东西综合到一起，发现有共通的东西，促成我的一个决然行动，去西安周边的三个县查阅县志和地方党史文史资料，还有不经意间获得的大量的民间逸事和传闻。那个长篇小说的胚胎渐渐生成，渐渐发育丰满起来，我感到真正寻找到"属于自己的句子"了。

我并不以卡朋铁尔从欧洲现代派旗帜下撤退的行动，作为拒绝了解现代派艺术的证据。现代派艺术肯定不适宜所有作家。适宜某种艺术流派的作家，会在那个流派里发挥创造智慧；不适宜某种艺术流派的作家，就会在他清醒地意识到不适宜时逃离出去，重新寻找更适宜自己性气的艺术途径。这是作家创作发展较为普遍的现象。海明威把他的艺术追求归纳为一句话，说他一生都在"寻找属于自己的句子"。这个"句子"自然不能等同于叙述文字里的句子。既然是"一生"，就会有许多次，我们习惯用一次新的成功的探索或突破来表述这个过程和结果。卡朋铁尔到海地"寻找"到了真正"属于自己的句子"，开创了拉美文学新的天地，以至发生爆炸，以至影响到世界文坛。今天坦白说来，《王国》我读得朦朦胧胧，未能解得全部深奥，也许是生活距离太大，也许"神奇"的意象颇难解读，也许翻译的文字比较晦涩。我的最重要的启示在于卡朋铁尔扎到海地去的行动，即他"寻找属于自己的句子"时富于开创意义的勇气，才是我的最有教益的收获。未必也弄出"人变甲虫"的蠢事来。

在昆德拉热遍中国文坛的时候，我也读了昆德拉被翻成中文的全部作品。我钦佩昆德拉结构小说举重若轻的智慧。我喜欢他的简洁明快里的深刻。这是"寻找到属于自己的句子"的又一位成功作家。我不自觉地把《玩笑》和《生命中不能承受之轻》对照起来。这两部杰作在题旨和意向所指上有类近的质地，然而作为小说写作却呈现出绝然不同的艺术气象，我习惯从写作的角度去理解其中的奥秘，以为前者属于生活体验，后者已经进入生命体验的层面了。我在这两本小说的阅读对照中，感知到从生活体验进入到生命体验，对作家来说，有如由蚕到蛾羽化后的心灵和思想的自由。

2004.11.24 二府庄

摧毁与新生
——我的读书故事之五

一九八二年五月,陕西作家协会在延安举行毛泽东《在延安文艺座谈会上的讲话》发表四十周年纪念活动,胡采主席亲自率领七八个刚刚跃上新时期文坛的陕西青年作家到延安去,我是其中之一。有一个细节至今难忘,胡采在杨家岭中央大礼堂外的场地上,给我们回忆当年他聆听毛泽东讲话的情景。我和几位朋友在一张大照片上寻找当年的胡采,竟然辨认不出来。最后还是由胡采指出那个坐在地上的年轻人,说是当年的他。相去甚远了。四十年的时光,把一个朝气蓬勃的小伙子变成了睿智慈祥的老头,我的心里便落下一个生命的惊叹号。

参加这次纪念活动的几个青年作家,各自都据守在或关中平原或秦岭山中或汉中盆地的一隅。平时难得相聚,参观的路上、吃饭的桌上就成为交流信息的最好平台。尤其是晚上,聚在某个人的房间,多是说谁写了一篇什么小说,多好多好值得一读。被说得多的是路遥,他的一个中篇小说即将在《收获》发表，篇名《人生》。这天晚上，大家不约而同聚到路遥房间，路遥向大家介绍了这部小说的梗概，尤其是说到《收获》责任编辑对作品的高度评价，大伙都有点按捺不住的兴奋，便问到《收获》出版的确切时间，路遥说已经出刊了。记不清谁提议应该马上到邮局去购买。路遥显然也兴奋到恨不得立即看到自己钢笔写下的文字变成铅字的《收获》，还说他和邮局有关系，可以叫开门，便领着大家出了宾馆，拐了几道弯，到延安邮局门口。敲门敲得很响，也敲得执拗。终于有一位很漂亮的值班女子开了门，却说不清《收获》杂志是否到货，便领着我们到业已关灯的玻璃柜前，拉亮电灯。我们把那个陈列着报纸杂志的玻璃柜翻来覆去地看，失望而归。

我已经被路遥简略讲述的《人生》故事所沉迷，尤其是像《收获》这样久负盛名的刊物的高调评价，又是头条发表，真有迫不及待的阅读期盼。我从延安回到文化馆所在地灞桥镇，当天就拿到馆里订阅的《收获》，几乎是一口气读完了这部十多万字的中篇小说《人生》。读完时坐在椅子上是一种瘫软的感觉，显然不是高加林波折起伏的人生命运对我的影响，而是小说《人生》所创造的完美的艺术境界，对我正高涨的创作激情是一种几乎彻底的摧毁。

连续几天，我得着空闲便走到灞河边上，或漫步在柳条如烟的河堤上，或坐在临水的石坝头，却没有一丝欣赏古桥柳色的兴致，而是反思着我的创作。《人生》里的高加林，在我所阅读过的写中国农村题材的小说里，是一个全新的面孔，绝不同于此前文学作品里的任何一个乡村青年的形象。高加林的生命历程里的心理情感,是包括我在内的乡村青年最容易引发呼应的心理情感。路遥写出了《人生》,一个不争的事实便摆列出来,他已经拉开了包括我在内的这一茬跃上新时期文坛的作者一个很大的距离。我的被摧毁的感觉源自这种感觉,却不是嫉妒。

我在灞河沙滩长堤上的反思是冷峻的。我重新理解关于写人的创作宗旨。人的生存理想,人的生活欲望,人的种种情感情态,准确了才真实。一个首先是真实的人的形象,是不受生活地域文化背景以及职业的局限,而与世界上的一切种族的人都可以完成交流的。到这年的冬天,我在反思中所完成的新的创作理念,写成了我的第一个篇幅不大的中篇小说《康家小院》,后来获得了《小说界》的首届评奖。许多年后,我对采访的记者谈到农村题材的创作感受时说出一种观点,你写的乡村人物让读者感觉不到乡村人物的隔膜就好了。这种观点的发生,源自在灞河滩上的反思,是由《人生》引发的。

2008.2.11(正月初五)夜于雍村

愿白鹿长驻此原

独寻秋景城东去,白鹿原头信马行。

这是白居易一首七绝中的两句。每有机缘上原,心头便会涌出这首绝句,情绪顿时也会畅朗起来。我无法想象千余年前的白居易纵马白鹿原上寻到的是怎样一幅秋色美景,单是眼前的一派绿色,已经让我沉醉了。

一条新修的宽敞的公路盘旋在西边原坡上,两边是层层叠叠的绿树。刚刚从酷暑进入初秋,尽管杨树柳树槐树等树木的树冠呈现着深色和浅色的小小差异,却依然流露着蓬勃的气象。草木清爽的气味,诱使我连续深呼吸。这里曾经是荒坡和梯田。荒坡上长满枣刺和杂草。梯田里一年只种一料麦子,因为缺水缺肥,麦子长得矮小细瘦如同猴子的黄毛,收割时搭不住镰刀,只能用手薅,民间戏称薅猴毛,产量也就可想而知了。大约不过十年前,那种延续了不知多少年的广种薄收乃至无收的景象中止了,退耕还林,便有了这一派让上原和下原的人心旷神怡的绿色。

上原的路大约走到一半，有一道平台，自南到北散落着一个个或大或小的村庄，俗称二道原。民办大学思源学院已成气候，随坡倚势建造成一幢幢楼房，校园里如同精心构设的花园，四季轮番开放的花草和花树，弥漫着种种诱人的香气。这里活跃着来自全国各地的两万余名学子，避开了都市的喧嚣，在这一方天地汲取知识。校方扶持建立了白鹿书院，我常和一些文学朋友到书院交流，尽管他们多是走南闯北见惯了奇山异水的人，也多感佩这一方地域独有的脉象。大约十年前，这所大学的创始人周先生约我参加一个座谈会，把他想在白鹿原的二道原上创办一所民办大学的意图坦陈出来，让大家论证。我那时竟然很激动，一时尚不敢估计这座古原破天荒建立的第一所高等院校的深远影响，却也想到不仅是每年能有多少年轻人完成高等学业，更有对原上乡民文化意识的潜移默化的启示。十年过去，这所学院不仅被评为全国十大民办大学，而且让民办大学由二道原扩展到白鹿原上，挂着种种专业校牌的民办大学已建成十余所，形成了一个颇具规模的民办大学城。就我粗略的印象，1949年新中国成立前，这道原上大约只有两三所新式小学；截止到上世纪90年代，仅有三四所中学，分属三个区县督管；到今天不过十年时间，这里已经形成拥有十余万学子的民办大学城了。从这些民办大学门前经过的时候，我常有不可思议的感慨，变化之快几乎让我不敢相信，随之也生出生不逢时的自怜，如若晚生许多年，就不会留下缺失高等教育的人生遗憾了。

原的西部已经几乎看不到庄稼，传统的麦田消失了，蓬勃着一眼望不透的樱桃树。种植樱桃和小麦的悬殊的收益，是任谁都不会拒绝对樱桃的选择。每到五月樱桃成熟时节，原上原下和原坡的万亩樱桃园里，笑语喧哗，那是西安城里人或呼朋唤友或扶老携幼上原摘樱桃时忘情的声浪。秋天刚刚来到原上，葡萄又熟了。樱桃几乎是家家户户都有种植，而葡萄却是规模化的集中栽培。原上先后建起三家较大规模的果园，两家既种樱桃又种葡萄，还有一家是专门种植葡萄的园子，种植面积有几百亩到过千亩，都是以最严格也最规范的技术措施栽培管理。我曾有幸参观，可谓大开眼界，且不说那些颇为深奥的技术措施，外行的我看到细水浸润的滴灌设施，顿然感知到现代农业和粗放管理的农业的差异来。为了保证果品的品质，一概不用化肥，连复合型的肥料也不用，而是从内蒙古草原收购牧民的牛羊粪，集中窝沤，使其熟化，再从千里外的内蒙古草原运回原上，单是这项投入的工本就令我咋舌了。这样培植的樱桃和葡萄，不仅味美，更让消费者放心，价格也就高出普通果园的樱桃、葡萄几倍。我走在这家葡萄园里，满眼都是紫红的葡萄串儿，嘴里就有口水溢泛。这位种植园主是我的同乡，一位卓有建树的农民科学家，曾获得国务院的褒奖，那是他向乡民传授各种果树管理技术赢得的奖励。他在原上亲自种植葡萄，更带有示范的效应。我更多感佩的却是这道原的变化，自古以来白鹿原缺水，向来不植一株果树，即使庄稼，也只能保证一料小麦的收成，多有的伏旱，秋天的作物十有九年都无收获。更甚者，生活用水都很困难，原下人调侃原上人说，早晨起来，夫妻对面吐唾沫儿洗脸。现在，每个村子都有深井，自来水通到家家户户，果园也就蓬勃起来了。白鹿原高过渭河平原二百米，昼夜温差大，无论樱桃无论葡萄的甜蜜就享有天时地利的优势了。

绿树掩映着的一个个或大或小的村庄，既是古老的，又是新生的，古老到和这道原的历史一样悠久，新生在于现在的村庄已经完全改换出一派新的风貌，一幢幢二层小楼或平房，从绿树的空隙间显露出来。如果走进村巷，便会看到甚为讲究的一个个农家院的门楼上都有题款。几乎看不到土坯垒墙的传承了千年的厦房了。沟通每一个村庄的道路全部实现了硬化——水泥路面，永久性地告别了泥泞小路。我曾陪《白鹿原》剧组的朋友踏访原上村庄寻找外景地，失望而归，上世纪的白鹿村的影像荡然无存。我不为剧组的失望而失望，倒为原上的乡党而庆幸，他们终于获得了安逸富足的生活，既不为锅里缺米缺面而熬煎，也不为屋漏而愁肠百结了。

写到这里，我突然意识到，每触及一景，便牵出这一景地昨天的景象来。似乎不是有意为之，而是一种自然的不可违逆的心理反应，昨天的贫瘠景象铸存太久，而今天焕然一新的景象来得太快，作为这道原的亲历者，发生今天与昨天的鲜明而又强烈的对比，欣然的感触和感慨就是本能的心理反应了。

因为一只白鹿的出现，这道原便有了象征着吉祥安泰的白鹿的名称。随后，汉文帝葬在白鹿原西北的原坡上，原坡根下流淌着灞水，文史典籍称为灞陵，这道原也被改名为灞陵原，民间却少有人说。自北宋大将军狄青在原上屯兵驯马，这道原又被改换为狄寨原，一直沿用至今，白鹿原的名字早已湮灭以至消亡了。近年间，因为拙作《白鹿原》的发行，这个富于诗意也象征着吉祥安泰的白鹿原的名字又复活了。白鹿原名称的重新复归，恰当其时，多少代人期盼向往的富裕和平的日子已经实现，却是改革开放的科学而又务实的富民国策实施的结果。

愿白鹿长驻此原。

2012年9月27日二府庄

—— 文学 思考 ——

别路遥

一九九二年十一月二十一日在告别仪式上

我们不得不接受这样的事实,无论这个事实多么残酷以至至今仍不能被理智所接纳,这就是:

一颗璀璨的星从中国文学的天宇陨落了!

一颗智慧的头颅中止了异常活跃、异常深刻也异常痛苦的思维。

这是路遥。

他曾经是我们引以为自豪的文学大省里的一员主将,又是我们这个号称陕西作家群的群体中的小兄弟;他的猝然离队将使这个整齐的队列出现一个大位置的空缺,也使这个生机勃勃的群体呈现寂寞。当我们:比他小的小弟和比他年长点的大哥以及更多的关注他成长的文学前辈们看着他突然离队并为他送行时,诸多痛楚因素中,最难以承受的是物伤其类的本能的悲哀。

路遥从中国西北的一个自然环境最恶劣也最贫穷的县的山村走出来，为中国当代文学的繁荣创造了绚烂的篇章。这不单是路遥个人的凯歌。它至少给我们以这样的启迪，我们这个民族所潜存的义无反顾的进取精神和旺盛而又强大的艺术创造力量。路遥已经形成开阔宏大的视野，深沉睿智的穿射历史和现实的思想，成就大事业者的强大的气魄，朝着创造的目标，实现创造理想时必备的坚韧不拔的意志和艰苦卓绝的耐力，充分显示出这个古老而又优秀的民族的最优秀的品质。

路遥热切地关注着生活演进的艰难的进程，热切地关注着整个民族摆脱沉疴复兴复壮的历史性变迁，以及由此而产生的巨大痛苦和巨大欢乐。路遥并不在意个人的有幸与不幸，得了或失了，甚至包括伴随着他的整个童年时期的饥饿在内的艰辛历程。这是作为一个深刻的作家的路遥与平庸文人的最本质区别。正是在这一点上，路遥才成为具有独立思维和艺术品格的路遥。

路遥短暂的"人生"历程中，躁动着炽烈的追求光明追求美好健全社会的愿望，他没有一味地沉默也不屑于呻吟，而是挤在同代人们中间又高瞻于他们之上，向整个社会和整个世界揭示这块古老土地上的青春男女的心灵的期待，因此而获得了无以数计的青春男女的欢呼和信赖。他走进了他们心中。

路遥的精神世界是由普通劳动者构建的"平凡的世界"。他在中国当代作家中最能深刻地理解这个平凡世界里的人们对中国意味着什么。他本身就是这个平凡世界里并不特别经意而产生的一个,却成了这个世界人们的精神上的执言者。他的智慧集合了这个世界里的全部精华,又剔除了母胎带给他的所有腥秽,从而使他的精神一次又一次裂变和升华。他的情感却是与之无法剥离的血肉情感。这样,我们才能破译长篇小说《平凡的世界》里那深刻的现代理性和动人心魄的真血真情。路遥在创造那些普通人生存形态的平凡世界里,不仅不能容忍任何对这个世界的过去和现在、历史和现实的解释的随意性,甚至连一句一词的描绘中的矫情娇气也绝不容忍。他有深切的感知和清醒的理智,以为那些随意的解释和矫情娇气的描绘,不过是作家自身心理不健全的表现,并不属于那个平凡世界里的人们。路遥因此获得了这个平凡世界里数以亿计的普通人的尊敬和崇拜,他沟通了这个世界里的人们和地球人类的情感。这是作为独立思维的作家路遥最难仿效的本领。

我们无以排解的悲痛发自最深切的惋惜。四十三岁,一个刚刚走向成熟的作家的死亡意味着什么?本来,我们完全可以自信地期待,属于路遥的真正辉煌的历程才刚刚开始。我们深沉的惋惜正是出自对一个文学大省、一个国家和民族的文学事业的无法弥补的损失。

一切已不能挽回于万一。所有期待即使是自信的有把握的,也都在五天前的那个早晨被彻底粉碎了。然而我们就路遥截止到一九九二年十一月十七日早晨八时二十分的整个生命历程来估价,完全可以说,他不仅是我们这个群体,在更广泛的中国当代青年作家中，也是相当出色相当杰出的一个。就生命的历程而言，路遥是短暂的；就生命的质量而言，路遥是辉煌的。能在如此短暂的生命历程中创造出如此辉煌如此有声有色的生命的高质量，路遥是无愧于他的整个人生的，无愧于哺育他的土地和人民的。

以路遥的名义，陕西作协寄望于这个群体的每一个年轻或年长的弟兄，努力创造，为中国文学的全面繁荣而奋争。只是在奋争的同时，千万不可太马虎了自己，这肯定也是路遥的遗训。

路遥同志，你走完了短暂而又光辉的"人生"之旅，愿你的灵魂在"平凡的世界"里的普通劳动者中间和他们赖以生存的土地上得到安息！

虽九死其犹未悔

早就想写一点有关志安的文字,从他离开当代文坛的时候,就产生过这个念头,直到他周年已过,我依然提不起笔来。我后来很清醒地意识到自己情感的脆弱畏怯,因而无力触动情感世界里的那一潭水。我推着未写,实际是一种逃避。这种逃避痛苦的情况已不是头一次发生,六年前,我的尊师挚友蒙万夫刚交五十猝然谢世,那时志安还写过一篇心情沉痛而又激越的悼文,而我却是一周年后才写了一篇回忆与蒙交谊的文章。路遥逝去后,我除了在告别仪式上那篇极简短的悼词,后来也未再写什么文章,其实有许多往事至今依然难以忘怀。志安的死亡更加深了我的心理畏怯,以致那情感脆弱到不堪一击了。

我已经不再单纯把疾病看作是病魔,无论是蒙万夫先生的心肌梗塞,无论是路遥的肝硬化腹水,抑或是志安的肺癌,不单是病魔,简直可以说是一个专门谋杀天才的阴毒的鬼魅。鬼魅无形,残害天才和善良却绝不放手松口。然而我终于获得了掀动那一潭情感水波的勇气，这就是陕西人民出版社要出版六本志安的以爱情为主题的系列探索性长篇小说，并要我作序。我欣然应诺，连自己适宜不适宜作这个序都不顾及了，这勇气显然不单是来自于个人情感，而是来自于读者。读者在作家邹志安去世后所触发的巨大的社会同情，《文学报》发起的募捐活动响应者二千余人，作家和文化团体惺惺惜惺惺且不说，百分之八十以上的募捐者几乎包括了社会分工中的所有职业层，尤其是那些退休干部工人和中小学生。我曾经在接过《文学报》主编郦国义先生送交的捐助者名单时心里一沉：鬼魅无形，读者有情。

去年以来，邹志安有三部长篇小说遗稿在他谢世后相继出版，引起读者更大的兴趣和热情，书的销量可观。欣慰的同时我也惊讶不已，我清楚这三部长篇是进入九十年代的新作，陕西人民出版社这次重新出版的六部爱情探索系列长篇均为八十年代后几年的作品，此前他曾写过二百多篇短篇小说和十几部中篇小说，且不说文字总量究竟有几百万，单是几部长篇的数量起码在陕西当代中青年作家中是遥遥领先于所有生者和死者的。所有这些创造性劳动成果全部是在新时期以来的十三四年间完成的，是在他三十二至四十六岁这个黄金般的年龄区段里创造出来的。我惊讶一个人竟有如此巨大的艺术创造能量，也钦佩他如此巨大的创造热情，智慧和天才且不论它。

在我看来，作家的全部创造理想和生存欲望，概莫能大于读者对其作品的理解和接受，作家从事创作劳动的全部意义或者悲剧都在这里。这里就触及对创作这项劳动的理解，不过是作家艺术家把自己对社会历史和现实的生活体验进而到生命体验所形成的各个迥异的独特体验宣泄出来，凝成一部小说、一首诗歌、一出戏剧、一幅绘画、一曲交响乐，以期与读者或观者听者进行心灵的沟通和交流，文学和艺术作品不过是实现两颗心灵交流沟通的媒体。文学艺术沟通古人和当代人，沟通各种肤色各种语系的人，沟通心灵，这才是从事文学艺术工作的人痴情矢志九死不悔以至不惜生命而进行创造活动的全部缘由。这样，我才能更贴近杜鹏程创作《保卫延安》和柳青创作《创业史》的本体实质；这样，我也才能更贴近邹志安十数年间创造出五百多万字的文学作品两次获得全国大奖的本质性内容。

又有谁能理解，进行着如此巨大劳动的志安，是嚼着酸菜喝着苞谷糁子进行这样沉重的劳作的呢？

我和志安大约是先后一年为妻儿转办了城市户口，因为我在西安郊区办事较方便，户口虽进城了我依然住在乡下，图得个耳根清净。志安把妻小户籍转入城市随即举家由礼泉老家搬到西安。他搬来老母妻子儿女和侄儿的同时也搬来了酸菜缸。乡村人腌制酸菜的粗瓷大缸便堂而皇之地搬进省作家协会的家属楼。这个时候初获经济改革实惠的城市居民悄然兴起了新"五大件"取代旧"五小件"的家庭革命。然而作家邹志安此时还不能废置或淘汰酸菜缸。凭他不足百元的工资和低微的稿酬，要维持一个六口之家和接济残疾弟弟两口的生活，就只能继续乡村农民苞谷糁子就酸菜的水平。鲁迅先生"吃的是草挤出的是奶"，志安吃的是西北人用萝卜缨子红苕叶子腌制的酸黄菜，挤着大量的奶。

即使这样，在他身患绝症的一九九二年春天，他依然应《文学报》和《陕西日报》联合征文写下了那篇《不悔》的短文。那时候，中国文坛正七嘴八舌讨论"文人下海"的新兴话题，原因是商潮滚滚的现实使文人们感到了生存危机和某些心理上的不平衡、不自在。那时候，陕西文坛与志安先后起步的作家哥们弟们，对他不幸被无形的鬼魅擒获而扼腕长叹，动心的叹惋里也包含着善良的抱怨，抱怨他写得太急、太猛、太不注意劳逸适度了。我也在第一次去医院看他时这样抱怨过。当我读到短文《不悔》时便哑然，那种痴情于文学的专注和强悍的精神，使我的心受到强烈的震撼。那是对生命意义的一种更高境界里的独立理解，绝不混同某些庸俗和市侩的患得患失斤斤争逐。这个《不悔》支撑着他原本并不雄健、当时已经开始憔悴的身体，而那躯体里依然灌注着某种魔力，我看得出来还是文学这个魔鬼。他要把自己对这个世界的体验宣泄出来展示出来，把他体验到的这个世界里的全部美好和卑鄙、欢乐与痛苦、崇高与龌龊、鲜花与蛆虫，展示给他热切关注着的父老乡亲兄弟姊妹，与他们交流和沟通。

在生与死的阴阳交界处，他沉静如铁地宣布：不悔！

庸俗的我还能再抱怨他什么呢？

写到这里，我的眼前便变幻着志安的种种眼神，有激烈辩论时生气逼人的灼灼之光，有慷慨陈述艺术主张时的睿智，有沉醉忘情于乡野逸闻笑话的顽皮，有搞点小动作捉弄某个可笑角色的诡谲，有倾心谈叙心事情曲儿的忧伤。然而留给我最难磨灭的却是两种眼神。大约是他写这六部爱情系列长篇那几年间，记得某天早晨我从乡下蛰居处回到作协大院，在门房取信时见到志安，两只布满红丝的眼睛像是传染了红眼病，我问他是否感染了，他摇头坦然地笑笑说没有。我便肯定他是夜里熬得太久了。我知道他的写作习惯，常是夜里三点钟爬起来写东西，在任何场合都可以干活，一直写到次日上午。几次出外开会同住一室，天亮时我就睁眼看见他伏案疾书的背影。那时候他的爱情探索系列大约正写到欢处，一本又一本抛出来，熬红眼睛似乎已习以为常毫不在意。

难以忘却的第二种眼神一想起来就令我凄凉，在他垂危之际我去看他，把我们能想到的让他揪心的四件事——明确告诉他，让他放心。他已处于半昏厥状态，一阵清醒一阵昏迷，口腔已不能发出一丝声音，判断他清醒或昏迷的标志便是他的眼神。那眼神已经失去光泽而笼罩着一片昏暗，当黑色的眼球基本可以固定在眼眶中央时，他是清醒的，我便抓住短暂的机会说出关于对他老母亲的生活安排，他便点一下头。当那黑色眼球翻转上去隐没起来时，我说的事就毫无反应，他又昏厥了。他已走到生命的最后一步，微弱到连眼球都不能自控了。四件关于老人妻子儿女等生活工作安排的事间断了几次等待了好久好久才交代完毕，也包括我的几次哽咽说不出话而耽误了他清醒转来时的机会。

垂死者留下的凄凉是我的。

生的欲望直到垂死的最后一刻依然在那眼神中忽游闪现，并因其不可逃躲最后的破灭而更显得凄楚动人，那是一种不息的强烈创造欲望破灭时的依然顽强的信念：不悔！

文学这个魔鬼啊！

我不想再多回忆几十年来的相识和相交，可资回忆的往事太多了。七十年代初，我们几乎同时在陕西地方文学杂志上发表图释"阶级斗争"的小说处女作，我们共同欢呼中国文学艺术的春天的到来，我们又是几乎同时进入陕西作协专业作家的队列，我们无数次一起去参加种种文学集会且同居一室。我们友谊甚笃也免不了争执，我们互相信赖也发生过猜忌，然而终究都化解冰释了。在他逝后一年，他生前的一位好朋友赵润民找到我，谈志安病危时他去看他，志安向他说了几句关于我的话。赵润民刚说了一句我便潸然泪下，并制止他再继续说下去。这样的话听一句就够我受用一辈子了，多听一句就觉得心灵承载不起。赵润民说他想看到我写志安的悼念文章。越是这样，我越发不敢触及如本文开头所说的那一泓情感的潭水。我又想了，写了又能如何？不过是给活人看的，对于失去至亲也失去精神和生活依托的老人妻子儿女来说，现在最需要最难为的自然是生计问题。为了不能忘怀的那两种眼光，我是想尽到一个同志、同行、朋友的心意去做一些事。

往事如烟、如潮、如泪、如血。这篇序文显然不是我倾泻那种交织着血雾泪潮的地方,依然潜存心底。但有一件事却忍不住要写。我的母亲陪女儿念书先我住进城市,母亲住不惯是可以理解的。她和邹志安母亲在同一条巷道里也不知怎么就认识了,彼此谁也不知道她们的儿子是交谊可以的朋友。她们是在视对方肯定来自乡下可以说话时自然认识的,因为她们两

1960年,陈忠实母亲贺小霞、哥哥陈忠德、妹妹陈新芳合影

位老人的穿戴包括说话的神气和走路的姿势都保存着乡村风姿，与那些城市老太太在一切方面都迥然各异，像动物可以嗅到同类的气味一样互相靠近而结伙成帮了。她们成了朋友并开始频繁地互访活动，她操着礼泉口语，我母亲则是灞桥土著，些小的方言差异不能构成阻碍。有一次，我发现案上有一包苞谷糁，母亲说是"志安妈拿来的，今年的新苞谷糁"。我大为感动，一包苞谷糁竟然令人动情。

志安去后，我多次去其家看望那位老人，每一次都向她发出邀请，请她到我们家去和我母亲聊天拉闲话，用意是不言自明的，而且说明我母亲因高血压腿脚不灵了，况且我的楼层低。这位老人一次也未登过我的家门。去年中秋节时我又发出邀请，不料老人家哭出声，说："我想去哩我想去哩我咋不想去吗！我去看见你跟你妈在一搭，就想起我娃。我娃这阵儿在哪搭哩……"我听了几乎心肝碎裂，一句话也说不出来。

作为志安的朋友，我虔诚地感谢陕西人民出版社，你们为志安终其一生而不悔的事业的血泪结晶提供了重新走向读者的机会，这些作品我已无意评说，让它们走向广阔的心理空间吧；作为志安生活体验、生命体验、艺术体验的一次排炮般的展示，相信会沟通无以数计的男女的心灵。这样，我在面对他的眼神和那位老妈妈的眼睛时，自觉可以能够既不虚伪于艺术也不虚伪于人生。

1994年6月14日草于小寨

文学的信念与理想

我的文学信念形成的时间很漫长,是从不自觉到自觉的过程,也有去伪存真的问题。最初的很长一段时间里,单就个人的因素看,写作确实就是一种兴趣和爱好。它的萌发是一种兴趣,包括已经能发表很多作品的时候,在很大程度上还是一种个人的创作兴趣,一旦沾染上了文学,发表了些作品,同时也就产生了名利之心。再后来,把文学创作当作一种生活目标来追求的时候,毫不讳言,具体到个人出路的非常实际的问题时,我还是从自身考虑得多。尽管在陕西省已成为有影响的一个作家了,社会要求你的写作是要为革命,自然要附着一些当时流行的社会政治口号,把你的创作归列到那上面去。但具体到我写作的真实心理,仍然是兴趣。最初的兴趣是在中学读书时引发起来的,不自觉地连续练习写作。到高中毕业时,处在国家"困难时期"的非常重要的关头,是我人生最重要的转折点,也是我人生最困难的、最苦恼的一段时期。后来我回忆当时,不能进大学学习,对一个青年无论从个人出路、发展,还是从报效祖国、服务人民，即从公与私的角度，所有的路一下子都被堵死了，在一切都不可能的时候，我很自然地把自己的精神集中到文学爱好上来。这也是我当时唯一能选择的道路。这样，反而排除了一些轻易能够进入社会，包括谋一个好的工作这样侥幸的心理，反而归于一种死心塌地的沉静。进入这种自修状态，我的目标很明确，自修四年发表第一篇作品，就是我的大学学历完成的标志。那是我从最基本的文学修养开始练习，摸索写作的道路。在这一时期，最重要的是文字修炼，虽然也是在任何冠冕堂皇的场合都要讲是为革命写作，其实是以文学创作为寻找自己的人生出路，尽管如此，选择文学的动力还是对文学的兴趣。回忆那一段时间，我总以为，一种虽然时间不长却极度的恐慌和痛苦过去以后，我才进入学习的最好的沉静状态，开始了文学创作的准备。最初是广泛阅读，包括背诵，记日记，写读书笔记、生活笔记，这些笔记不仅锻炼了文字功力，而且锻炼了我观察生活的敏锐性。我很清醒，如果文字功力不足，想把发生、发展的事情表达出来，实现自己的人生理想，想当作家是不可能的。

到能发表一些作品，并在社会上产生比较多的影响的时候，文学创作仅仅作为个人生存的目的，反而淡化了，退居次位了，不是主要矛盾了。社会承认你是一个作家，你就要对自己创作的进一步发展提出更高的目标。这大约应该是到了二十世纪八十年代中期。我清醒地意识到，社会承认你作为一个人的创造价值，但社会同时也强迫你必须认识到它承认的是什么样的作家。换句话说,你要做一个什么样的作家才能与社会的发展趋势相一致,否则,你即使成了作家也难以获得一个作家的安慰和自信。这个意识在写《白鹿原》之前的八十年代中期已经非常强烈了。在这个时期,我的创作已经在社会上有一些影响,短篇小说在全国获过奖,也出了几本中短篇作品集。后来出书的兴奋感渐渐地淡化了,强烈地意识到一种压力,作为一个作家,在陕西和在中国当代文学中,自己给自己打一下分,掂量一下自己的分量,就明白自己达到了什么样程度,包括生命年轮,五十岁都成为我很大的心理压力。这时候,文学信念开始形成,新的创作欲望膨胀起来,想在文学这个事业上形成属于自己的、应该不为人淡忘的东西,也就是努力为自己在文学的领域里占一席之地的想法强烈了。我同时也产生着另一面的心理危机,如果当代读者把我的全部作品淡忘了,这个作家存在的意义恐怕仅仅只剩下"活着"了。

原来我只有一句豪言壮语:应该在中国的图书馆里挤进一本书,哪怕是一篇文章也好。因为图书馆不是任何人、任何书都能挤进去的。一方面,这个时候的创作欲望,不再是在重要刊物上发表作品并获奖,也不是为了获得评论家给予的表扬,这些都很难再激起我的创作;另一方面,与此相辅相成,关于对文学创作的理解也产生新的欲望。创作心态正是在这一时期发生了重大转折。八十年代中期,文学创作和理论都非常活跃,所有新鲜理论不论是中国的还是外国的对我产生了很大的影响,尤其是关于创作的人物心理结构学说、文化心理结构学说。过去很长一段时间里，到接触这个理论以前，接受并尊崇的是塑造人物典型理论，它一直是我所遵循和实践着的理论，我也很尊重这个理论。你怎么能写活人物、写透人物、塑造出典型来？文化心理结构学说给我一个重要的启示，就是要进入到你要塑造的人物的心理结构并解析，而解析的钥匙是文化。这以后，我比较自觉地思考中国人的文化心理，从几千年的民族历史上对这个民族产生最重要的影响的儒家文化，看当代中国人心理结构的内在形态和外在特征，以某种新奇而又神秘的感觉从这个角度探视我所要塑造和表现的人物。最明确的作品是《四妹子》《蓝袍先生》，这是我的创作实验的两部作品。

特别是《蓝袍先生》发表后的反应，诱发了我强烈的创作欲望，鼓舞我进一步在更大的层面上深层次解析民族的文化心理结构，《白鹿原》就是在这样的创作思路下开始构想的。它展现的不仅是两个个别的、具体的、家庭的文化心理结构，而且是整个民族的精神和心理结构。从这一点上看，《白鹿原》里的各类人物，他们彼此间的诸多纠葛和命运的冲撞，其实仅是个载体。抓住对人物文化心理结构的解析，一条新的创作思路便在我的眼前敞开。我曾说过，我当时的思路和精神状态，是最活跃的，充满了新鲜感，好像进入一种新的精神天地、思想天地、艺术天地，整个形成了对思想和艺术世界极大的兴奋感和探秘感。到了这时，我才有信心完成《白鹿原》这部作品。由于有这些东西的引导让我感觉到了一个全新的境界，创作欲望和思想激情自然就达到了一个我从未有过的高涨状态。由于是个人生命体验性的东西，对人的鼓舞和心理自信的强化，就显得非常内在，不是谁轻易可以摧毁的。

作家探索的勇气和艺术创造的新鲜感所形成的文学信念是无法比拟的，我感觉好像要实现一个重要的创造理想，但是，也有达不到目的的担心存在。一个作家关键的东西是自我把握，自我把脉太重要了，不能简单地不加分析地听任社会上一些人对你的"褒"和"贬"。如果久久得意于自己的一时表扬，目光也会短浅起来，无法把才智发挥到极致。重要的是使自己不断跨越已有的成就，对自己不断提出更高的新目标和新要求。

关于"文学依然神圣"这个话题，主要是有感于现实而发的。九十年代中期，我们的商品经济进入最初的活跃阶段，社会生活形态、人际关系受到猛烈的冲击和颠覆。颠覆未必是坏事，我们原有的观念太陈旧了，这个颠覆的过程把那些陈腐的东西颠覆掉，但也未必产生的都是全新的、正确的、科学的生活观念。颠覆本身具有二重性，尤其是这个过程中对原来比较神圣的一些东西和情感，也都被轻蔑了。所谓"造导弹的不如卖茶叶蛋的"，从事文学事业的作家也像造导弹的专家一样被贬值了，社会真正看重的是卖茶叶蛋的实际收入，而轻视造导弹或搞创作人的创造性的社会价值，人们普遍关注的不是劳动的意义，而是物质性的结果。这个结果甚至简单到单指个人收入。被中国人一贯认为神圣的文学，包括受敬重的作家头衔，在这个时候也不那么神圣了，这种精神劳动在普通人眼里未必能胜过卖茶叶蛋的，这是那个时段里最为形象的比喻。重要的是我们作家群体里包括文化界，也有一种无奈的自我调侃乃至对市侩观念的认可，对创作的发展造成了影响。"文学依然神圣"的口号是我在炎黄优秀编辑颁奖会上讲的，它虽然被社会传播了，但仍然有人怀疑：难道文学真的依然神圣吗？根据现时代的生活特征，文学果真还能神圣下去吗？作家、科学家都已经边缘化了，挣钱人神圣了，是否确实把自己变成当代的唐·吉诃德了？生活实际上运转得也很快，我感觉从二〇〇二年的今天回头看五六年以前的生活，这中间的变化不小，应该说人们现在对文学的看法比以前要冷静和正常，这是重新经过选择、思考和鉴别的结果。

让人忧虑的是创作上的浮躁、快速化、平面化和理论上的平庸或者说庸俗化。这不是某一个作家、评论家或某一个地区的现象，而是带有普遍性的，整个文坛都在议论这个话题，各类报刊都在从不同的角度讨论这一问题。创作现在到了最快速化的时代了，一年生产的长篇小说（不说中短篇）近千部，是过去"十七年"的总和的几倍，远远超过"大跃进"时代了。这个快速创作量、出版量固然呈现出了繁荣的局面，但读者对文学界本身的不满足并没有因此而有所缓和。人们依然关注的是提高作品质量的问题，那种一般化地写以及媒体不着边际的"炒作"，严重地倒了广大读者文学阅读的胃口。这样一个局面，当然与浮躁的生活环境所产生的急功近利的浮躁心态有关，但从一个作家创作的角度讲，最致命的东西还不是这个，作家的能力、解析当代社会和历史生活的思想穿透力，关键还在这方面。现在大量历史题材的小说、皇帝小说（也没看很多、从电视上看），大多局限在权力的诉说之中，甚至有一种对封建权力的崇拜和阴谋权力的某种兴趣，这种东西展开的故事往往很热闹，斗争很激烈，观众兴趣很大。但是，作为一个作家，我只问他的思想和立场是什么？作家透视历史宫闱的力量有没有？从历史发展的角度看，封建制度确有它辉煌的一面，但其作为人类历史发展过程的一段，毕竟是一个非常落后的社会制度，回头看看历史，我觉得作家首先要有穿透封建权力的思想和对独裁制度批判的力量，但是现在看不到，全部是把历史当作对有所作为的皇帝的歌颂，甚至在歌颂有所作为的那一面的同时，把其对老百姓非常残忍的一面或隐而不提，或全部抹杀了。作家的思想穿透力远远没有达到"五四"时代新文化先行者对于历史认识的力度。对现实生活的表现和揭示，也还停留在对当代共产党人的清官与贪官的浅层次辨析上，很难进入一种对人的心灵的关照，难以进入在这个时代中人民心灵的欢畅和痛苦的那种本质上的关照，而这恰恰是文学作品应该全力关注的东西。平面化和浅层化对此既难以发现就只好绕着走，似乎没有高招解决这一问题。但我相信许多作家都在做着各种努力。做努力是一方面，时间又是一方面，因为这是无法回避的。作家创作要提升档次，有文字表现能力包括一些新的表现手法、艺术形式等，对许多作家来说都不成问题，那还剩下什么制约着作家不能登上一个新的创作台阶？就是思想和境界。如果思想无法穿透生活深度，不能超出普通人很多，那么，作品怎会有思想的力度和深度的东西，自然不会引起读者的兴趣了。

作为一个作家的文学理想，当然是要创造出思想内涵包括文学形式上的一种全新的形态，一个作家如果没有属于自己思想和艺术形态上的一种全新的、有异于所有人的作品形态的作品，那么，这个作家是立不住的。各国的文坛都是这样残酷。作家希望创造出属于自己独有的艺术世界、艺术形态，但作品发表出来的结果却是属于人民的、民族的。一个作家的文学理想不能不涉及为民族精神的更新和发展提供点什么。每一个作品对作家来讲都是不一样的，作品的形成过程，体验的方式和结果都不一样，体验决定着作家的精神状态，也制约着艺术形态。体验是独特的、个性化的，表现它的艺术形式也是独特的、唯一的，这才有可能形成作家独特的创作风格，而最为关键的是作家本身不能削弱也不能淡忘自己对新的艺术形态的探索和追求，不能满足于已经取得的由相当成熟的艺术实践经验支撑的创作成就，这才有可能不重复自己也不重复他人。再就是要不断磨砺自己的思想，面对你所感兴趣的生活，不论是现实的还是历史的，必须有能力穿透到一个新的层面上才会有新的发现。应该说艺术和思想是互为交融的，一个新的艺术形态不会孤立地从天而降，它是与那种新的思想在穿透历史的过程中同步发现、同步酝酿、同步创造而成的。这需要不断更新相关的观念，尤其是像我这个年龄的作家，由于过去接受非文学的东西太多，不排除非文学的意识，就很难接近本真的文学，排除快解禁快，排除得越彻底接近本真文学的意识越纯，才能进行真正意义上的艺术创作。至于作品，不管其大小，哪怕是一个短篇，只要这些东西具备了，对一个民族建树自己的文化都是有益的。

作家应该留下你所描写的民族精神风貌给后人。不管是历史的还是现实的人生，一经作家用自己的生命所感受的体验后，表现出来的就应是这个民族在特定历史时段整个精神层面的一种比较准确的、具有普遍性的东西。我们从阅读国外作家的优秀作品中，常能对某个国家的某个时段里人的精神状态，包括人的快乐和痛苦，感受到有一种虽异样却颇深刻的体悟。作为一个作家也应该肩负起这样的责任，在这个国家和民族发展的历史上留下你的真实描绘，把这个时代人的精神形态和心理秩序艺术地告诉给后人，让他们从这些已经成为过去的现象里把握那个时代人的精神脉搏，并引发出有益的启示。在西方文化大量涌现的今天，作家们理应提供一个又一个优秀的文学文本，不是消极地保护民族文化，而是以创造优秀作品来丰富、更新、发展民族文化。有了真正优秀的作品，才能长民族文化的自信心，并在国际文化、文学的交流中赢得我们应有的平等地位。目前，并不具备这种文化平等交流、交换的条件，这不能简单地以经济发展做后盾，也不能用政治上的平等来取代，没有一定数量的优秀作品，交流、交换很自然地就形成了强弱之势，怎么能平等呢！这需要一代一代作家来完成。当然，作为一种社会责任，社会应该尊重和爱护作家，但作家的文学理想却必须把为民族创造优秀作品作为坚定不移的奋斗目标。如果我们没有这样的理想、意志和雄心，必然完成不了文化上平等的交流，甚至连一点回流的力量都没有。想一想看，就我们的出版而言，我们翻译出版了多少欧美国家以及日本、拉美的作品，包括古典的和现代的作家作品，而国外翻译出版中国的作品却是微乎其微，根本构不成一个比例。面对这种情况，说我们不具备与世界文学进行对等交流的条件，显然是一个不争的事实。文学和电影的状况一样，是西方向中国倾入之势，起码在目前尚无法改变，只能靠一定的政策来制约。把争取在多少年后达到一种平等的交流作为文学理想的一个重要的内容，我看是应该的。

没有优秀的文学文本，要改变外来文化的颠覆是不可能的，这种看法应该让作家普遍地深刻认识到。真意识到这一点了他就有"天将降大任于斯人"之感，他也许就能静下心来，不再浮躁；也就不会满足于一些小小的荣誉，小有成就就欢呼雀跃。说到底还是对文学创作这种劳动的意义的理解。这个问题本来不难解决，你只要往图书馆书架下一站，你只要抽出几本经典的作品来，认真读一下就会明白真正的文学是什么，就会意识到自己取得的某些成绩，虽然对个人而言是值得庆贺的事情，但你马上就会明白不应该耽搁太久，离高峰还很远，只能把这当作攀向另一个高峰的台阶，争取获得实现另一次突破的途径和力量,而不应沉醉太久而耽误了行程。常看到有人在很低的台阶上取得了很小的成绩时,以为就攀上最高峰了,尤其对那些具有潜在能力的作家来说,因为对文学的理解不足和艺术视野的狭窄,往往把他的天才和智慧浪费了。

我的创作原则没有变,"未有体验不谋篇"。尽管这一个时期没有写小说,但是写了很多的散文,对于文学的思考自觉不自觉地从来没有间断过。创作新欲望的产生,从我感觉上讲,也是对创作过渡到另一种理解的自然过程,我的习作是从短篇开始的,现在重新开始短篇小说写作,仍然很新鲜。就我而言,七十年代末到八十年代中期的写作,我感觉还是不断接近文学本身的过程,直到完成《白鹿原》,这个过程当为一个阶段的完成,也就是说完全接近文学的本身。现在我对短篇写作探索兴趣很大,短篇题材天地非常广阔,作家怎么写都探索不尽,尽管前人(中国人和外国人)创造了无以计数的短篇,仍然留给我们很大的创造余地,谁也不挤(影响)谁。现在才发现,我仍然是对关中现实生活的敏感程度远远超出对历史题材的兴趣和敏感性,《白鹿原》应该说是一个例外。我过去一直关注的都是现实题材,却突然写了一个《白鹿原》这样的历史题材,现在又重新面对我最容易触发心灵和神经敏感的现实生活,包括阅读报纸和感受运动着的生活。最近的五六个短篇都是这种题材的作品。我已经形成了这样的写作习惯,即使写短篇小说,也必须是一个短篇与一个短篇绝不应雷同,不能形成一个似曾相识的稳态模式。在我的创作感觉里,因为每一次体验到的内容不一样，就不可能用一种艺术形态表现它，甚至语言的色彩。每一个短篇都要找到一个新的适宜于表述这体验的艺术形式，它们各有姿态，包括语言姿态。这样的创作发展到以后会是怎么个样子我也不好把握。我的创作是靠感受，感受和体验不是按计划发生的，所以以后的状态真的不知道。

人民文学出版社《白鹿原》初版本书影

2002年8月12日于原下

文学的信念与理想

兴趣与体验
——《陈忠实小说自选集》序

一

到五十岁才捅破一层纸，文学仅仅只是一种个人兴趣。

为什么读了头一本小说就无法抑制，就产生了一种想把中学图书馆的小说都挨个读一遍的强烈欲望，现在想来就只能归于兴趣。人的兴趣是多种多样的，兴趣在小小的年纪就呈现出来，有的喜欢画画，有的精于算计，有的敏于乐感，有的巧于魔术变幻……文学只是人群中千奇百怪的兴趣中的一种。

首先是阅读直接诱发起我对文学的兴趣。上初中时我阅读的头一本小说是《三里湾》，这也是我平生阅读的第一本小说。赵树理对我来说是陌生的，而三里湾的农民和农村生活对我来说却是熟识不过的。这本书把我有关农村的生活记忆复活了，也使我第一次验证了自己关于乡村关于农民的印象和体验，如同看到自己和熟识的乡邻旧时生活的照片。这种复活和验证在幼稚的心灵引起的惊讶、欣喜和浮动是带有本能性的。

1980年，在家乡菜园和老农交谈

我随之便把赵树理已经出版的小说全部借来阅读了，这时候的赵树理在我心中已经是中国最伟大的作家；我人生历程中所发生的第一次崇拜就在这时候，他是赵树理。

也就在阅读赵树理小说的浓厚兴趣里，我写下了平生的第一篇小说《桃园风波》，是在初中二年级的一次自选题作文课上写下的。记得老师给了我前所未有的大篇幅的评语，得分为5^+……我这一生的全部有幸和不幸，就是从阅读《三里湾》和这篇小说的写作开始的。

时光已经流逝了整整四十年。四十年前写作那篇小说时的我，根本不会想到也无法料知今天的我的这一番模样。平静说来，那篇小说本不是当作小说写的，更不是为了出版为了发表为了挣稿费为了什么什么，仅仅只是为了完成一次语文老师布置的自拟选题的作文……当我今天编选这一套三卷本的小说选集的时候，无法湮灭的记忆很自然地又活跃起来，真是感慨系之。

兴趣不衰，热爱之情便不泯。于是就想通了那些被文学这个魔鬼缠住的人之所以被监禁流放被剃阴阳头被踢屁股历经九死而不改不悔的全部缘由。面对在我之先的上两代经历过阴阳两界巨大痛苦的作家，我从来不敢把自己追求文学所招致的小小灾难当作灾难，更不敢把它当作某种资本去争取文学以外的价值。所有对文学情有独钟的人都经历了那个过程，一个不可跨越无计逃遁的火与冰的过程，灾难和痛苦只分深浅或者说轻重，而不是有无。完全得意于那个过程的人是另一种形态或另一种意义上的作家。我在四十年的文学历程中的灾难属于轻的一种，痛苦也属于浅的一类，但毕竟都一一经历了，于是我就有了属于自己的最真切也最牢靠的关于生命和艺术的体验。我常想，那些刚刚走出牢门结束了流放的作家，之所以还能摊开稿纸拧开钢笔，恐怕不是为了出名为了发财抑或还为了什么什么吧？我想只是兴趣。

兴趣是会转移的，不是所有人都会受一种兴趣的支配而在文学这条路上从天明走到天黑。如果他对文学的兴趣转移了，可能转移到制造导弹保卫疆域，也可能转移到耍猴变魔术玩杂技博取观众的喝彩去了。兴趣转移是人类的正常行为，许多人的兴趣从文学转移到其他领域而且做出了卓越的创造，也有许多人的兴趣从另一样事业转移到文学上来同样写出了辉煌篇章。从这个最简单的本质意义上说，关于文人下海的讨论没有多少实际意义。

文学是个魔鬼。然而能使人历经九死不悔不改初衷而痴情矢志终生，她确实又是一个美丽而又神圣的魔鬼。

二

到五十岁时还捅破了一层纸，创作实际上也不过是一种体验的展示。

体验包括生命体验和艺术体验而形成的一种独特体验。千姿百态的文学作品是由作家那种独特体验的巨大差异决定的。出于对创作这项劳动的如此理解，我觉得作家之间和作品之间只有互相宽容百花齐放，因为谁也改变不了谁的那种独特体验，谁也代替不了谁的那种独特体验。红花没有必要嘲讽白花，黄花也无必要笑傲紫花，家花更代替不了野花，洋花卑视土花并不能以此显示尊贵。所有红花白花黄花紫花家花野花洋花土花，应该不断完善自身以期更加完美，应该互相鼓励以求更加扩大差异，才会百花齐放争奇斗艳万姿纷呈；要么互相杂交取优汰劣生出一种或几种土洋结合家野合璧的杂种新种，可能不失为一种创造。

总之，不要互相敌视互相撕咬互相消灭，作家毕竟又不是某一种花，他的那个独特体验是消灭不了的；任何一种花的生存，应该靠自身的姿色，也仅仅只能依赖自己的姿色去生存，作家是用作品和这个世界对话的；企望依靠非花（即非文学的因素）去达到花（即文学）的目的，肯定说是不可能的，文学史上无论在中国和外国在这方面都没有得手的先例；应该消灭的不是任何一种花，而只能是罂粟毒株。

生命体验由生活体验发展过来。生活体验脱不出体验生活的基本内含。生活体验或体验生活对于任何艺术流派艺术兴趣的作家都是不可或缺的。普遍的通常的规律，作家总是由生活体验进入到生命体验的，然而并不是所有作家都能由生活体验进入生命体验，甚至可以进入生命体验的只是一个少数；即使进入了生命体验的作家也不是每一部作品都属于生命体验的作品，这是我通过阅读所看到的中外文坛上的基本的现状。

出于对创作的这样的理解，新时期以来我基本没有参与文坛的种种争论，也不想把自己归结于某一种新潮"主义"的旗帜下。因为在我看来，任何一种流派任何一个"主义"的产生，都是作家的独特体验孕育的结果，不是硬学的，硬学是学不来的，模仿的结果只能是画虎类猫。但艺术毕竟是相通的，可以互相影响，可能用一种流派的长处弥补别一种"主义"的短处，可以加深扩展自己对艺术的体验。

新时期中国当代文学的全面复兴，我是经历了一个全过程，这套选集里的长、中、短篇小说全部选自我一九七八年至一九九二年初的作品。我在编选时已经惊讶起初几年的一些短篇的单薄和艺术上的拘谨，再显明不过地展示出我艺术探索的笔迹。无须掩丑更不要尴尬，那是一个真实的探索过程，如同不必为自己曾经穿过开裆裤而尴尬一样。《白鹿原》出版后，我基本没有再写小说。我想读书，我想通过广泛的阅读进一步体验艺术。我不追求著作等身，只要在有生之年能多出一本两本聊以自慰死后可以垫棺做枕的书，就算我的兴趣得到了报偿。

生命体验是可以信赖的。它不是听命于旁人的指示也不是按某本教科书去阐释生活，而是以自己的心灵和生命所体验到的人类生命的伟大和生命的龌龊，生命的痛苦和生命的欢乐，生命的顽强和生命的脆弱，生命的崇高和生命的卑鄙等难以用准确的理性语言来概括而只适宜于用小说来表述来展示的那种自以为是的独特的感觉。

三

刚刚交上知天命的五十岁时，写完了《白鹿原》。写完这部长篇，关于文学和创作的两层纸才捅透打破了，也发觉自己完全固执于独特体验的己见。

许是因了这部长篇的连锁反应，在此之前的中篇和短篇也不断地被出版社组装出版，印数之大仅仅在此前两年是做梦都不敢想的。很简单，读者恐怕也是出于我当初读《三里湾》之后的那种心理，便想读我的其他小说，这很正常。我当然很高兴，读者多了，作家与读者交流沟通的渠道也就拓宽了，这是任何形态的艺术创造的本意。艺术创造就是为了沟通，小说不过是作家的双重体验和读者沟通的媒体。文学作品沟通古人和当代人，沟通不同肤色不同语系的东方人和西方人，沟通心灵。一部作品能够广泛地完成那个沟通，作家创造的全部目的就算实现，再无须多说一句话，只任人去说。

长篇《白鹿原》从发表到现在接近两年，我收到过数以千计的读者来信，许多信读罢常常使我陷入沉默无言只想喝酒。"我想写出这本书的人不累死也得吐血……不知你是否活着还能看到我的信么？"这是石家庄一位医生或护士写来的信中的一句话。我想借着这套选集出版作序的机缘，向这位读者和所有关心关注我的朋友致以真诚的谢意，我活得依然沉静如初，也还基本健康。

当然，我更应该告诉读者朋友，这套小说选集包括一九九二年以前的主要作品，小说领域里的长、中、短的形式都算实践过了。明天，我肯定还要展示我的新的体验，绝不会重复自己；重复别人是悲哀，重复自己更为悲哀；重复的直接后果是艺术创造的萎缩。

创造者是心地踏实的。

1995 年 3 月 18 日

互相拥挤　志在天空
——有感于叶广芩、红柯荣获鲁迅文学奖

令文学界瞩目的第二届鲁迅文学奖落槌定音，七种文学体裁的三十五部（篇）作品（每种五部［篇］）获得殊荣。消息在媒体上公开，作为文学界中人，我自然关注每种文学体裁里评出了哪位作家的哪部（篇）佳作，尤为关心的是陕西有哪位作家的哪部（篇）作品折桂。令我惊喜的是，叶广芩的中篇小说《梦也何曾到谢桥》名列五部获奖中篇小说的榜首，红柯的短篇小说《吹牛》位列五篇获奖的短篇小说之中，真是令人备感鼓舞。联想到一九九八年春首届鲁迅文学奖陕西获奖的刘成章的散文集《羊想云彩》和冷梦的长篇纪实文学《黄河大移民》，陕西就有一老二中一青的两男两女四位作家在四种文学体裁里荣获此项最高级国家文学奖（另三种文学体裁为诗歌、评论、翻译作品），确实显示了陕西作家的创作实力之一斑。我为他们的创作成就致以钦佩之意。

毋庸讳言，对待多项文学评奖，尤其是国家级的几项文学大奖的态度，有如我对足球的态度相类同。在人类远远尚未实现地球村之前，我是一个国家主义者、民族主义者，甚至是一个地方主义者，我盼望中国足球能进入世界杯决赛，并在某一日（尽管遥遥无期）夺冠，在陕西我则毫不动摇地支持国力队能在全国足球甲级联赛中取得好名次。同样，我以真诚的态度祝贺中国某位作家在未来的某一年摘取诺贝尔文学奖的桂冠，也期望陕西作家，尤其是尚未取得过国家级文学奖的作家能在茅盾文学奖和鲁迅文学奖的各种奖项中崭露头角。

同样毋庸讳言，我向来不说淡泊名利的话。反之，在一定的场合和相关的文字话题中，我鼓励作家要出名，先出小名，再出大名；先在一个地区出名，再到全省出名，直到全国出名，能在世界出名则更好了；不经过这样的从小到大的过程，能一鸣惊人、誉满天下则再好不过了。一个作家的作品影响到全国，乃至在世界引起反响，我以为这声誉就不仅仅属于作家个人了，而是一个民族、一个国家的财富和荣誉了。比如托尔斯泰之于俄罗斯，巴尔扎克之于法国，海明威之于美国，泰戈尔之于印度，鲁迅之于中国。

如果不是妄作姿态而是诚实面对，文坛本身就是一个名利场。道理再简单不过，作家写作这种职业是最孤清、最辛苦的事，而一旦写出好的作品及至作品流行开来，却是最容易出名的事；一本好小说、一本好诗歌、一篇好散文等，可以跨越省界国界和各种民族的人沟通交流，作家自然就出名了，作家不想出名也身不由己了。记得小时候读《最后一课》和《卖火柴的小女孩》，便永远记住了都德和安徒生，也知道了法国和丹麦。都德和安徒生生前即使怎样声明自己淡泊名利，还是被无以计数的如我一样的学童永不泯灭其名字。我之所以敢在一些场合鼓励出名，就是基于这样的理解和认识。我希望有中国作家包括陕西作家能出大名，大到让世界都能闻其名而赞叹，当是我的国家我的民族我的家乡的大幸。我以为，少一分矫饰为好，以蕴积创造的雄心和勇气。

再说利，作家通过自己的创作劳动赢得酬报，改善生活和工作条件，以便更好更多地创作作品，是为正道，有什么可指责，有什么可"淡泊"的呢！前些年里，陕西作家路遥和邹志安英年早逝，整个中国文坛在为他们艰苦卓绝的创造性劳动惊叹的同时，也为他们逝世时的欠债而唏嘘叹惋，以至在《文学报》发起了捐助活动。据我所知，和他们同代的陕西这一茬作家的经济状况大都如此。陕西作家的贫穷和他们耐得苦战（杜甫诗句："况复秦兵耐苦战"）的精神同时闻名。耐得苦战不仅是文学创作的普遍精神，亦是人类在一切科学领域里凡有大作为者普遍的心理素质和精神形态。然而，"贫穷不是社会主义"，贫穷也不应该是作家永远的生活状态。邹志安从农村搬家到作协家属楼时，没有忘记搬来酸菜缸。要求喝着玉米糁子就着酸菜的作家"淡泊"名利，缺乏人道。

问题的实质仅仅在于，以什么途径和手段去获取名也获得利。我以为，唯一可靠、唯一能够选择的途径就是写作本身。像路遥和贾平凹那样以作品征服读者，也征服评论界，名自然有了；声望越来越高越来越大，作品一版再版，收入也多了。路遥人虽逝世几近十年,读者群却绵延不绝,一九九八年《文艺报》在首都大专院校做过读者调查,最受大学生喜爱的作品首推《平凡的世界》。路遥的作品选集和文集连续出版,印数颇大,可惜他享受不到一个作家创造劳动的欣慰,也享受不到果实(利)的甘饴了。这里套用鲁迅先生一句话,淡泊名利之说可以缓行。倒是应该警惕那些五花八门的炒作花样,那些遇到评奖便手忙脚乱的隐蔽性动作,应把心劲和智慧用到创作作品、提升作品品位的正道上来。别无选择亦别无遁途或捷径。

据我所知,叶广芩不是一蹴而就一鸣惊人,红柯亦不是一举成名一炮走红。

叶广芩大约八十年代初就发表短篇小说,曾得杜鹏程赏识。记得在八十年代中期《延河》的青年作家专号上,路遥为叶氏的一篇小说写的百余字的点评末尾一句话:"这样的好货往后还能拿出多少?"我随后看到的事实是,叶广芩无声无响了,刊物上见不到作品,文学集会也见不到人影了。直到九十年代初,大约是一九九三年吧,《延河》又做"陕西作家小说专号",嘱我写导言,读到了叶广芩新创作的短篇小说《本是同根生》。我忍不住惊喜,问过责任编辑,大家阅读感觉一致,叶广芩已经羽化成蝶了。在我看来,从青虫到化蝶是一个量变到质变的关键性升华。《本是同根生》在编辑部成为一个话题一个兴奋点,随之被各家选刊选载,在文学界和读者中也引起广泛的好评,叶广芩开始在中国文坛立足了。最近几年,可以说是佳作迭出，短篇中篇以及由中篇连缀成的别具一格的长篇小说，在文坛形成一种持续而又稳定的影响。我已经强烈地感觉到叶氏的冲击波了，凡我到外省参加文学会议，总有人向我打听叶广芩的行踪，总有刊物和出版社编辑要我帮助他们向叶广芩约稿。在文坛，自然免不了不同的对叶氏作品的评价。然而，叶广芩只忙创作不大走动更没有炒作活动，都是大家公认的基本事实。头一届鲁迅文学奖评奖，叶广芩一部中篇仅少一票而落选，实际上已水到渠成呼之欲出。近几年来，我见到过的几位评委谈到此事，亦为叶广芩遗憾，我也遗憾。这次终于评定了，终于使大家的遗憾得以补偿。我在为《延河》写的那篇导言中说过"还是酒好不怕巷子深"的话，我现在仍然信守此理。同样可以告慰路遥的是，叶广芩的"好货"已经拿出来不少了，还有更好的"货"正在酿制中。

红柯是最具年龄优势的青年作家，不过三十出头，创作历史却不浅短，发作品也较早，只是影响尚未形成。后来出人意料地远走新疆奎屯，感受大漠和草原，一蹲就是十年，潜心艺术领悟。再返陕西宝鸡时，作品已经在当代文坛造成一方奇异的风景。当我晓知红柯时，已经是红柯的中短篇小说开始闹红《人民文学》以及《小说选刊》《小说月报》的时候，其时他已返回宝鸡。我见红柯第一面时颇为惊奇，他的头发是自来卷，眼仁呈黄色，胡楂亦粗硬，调笑说该不会连种系也在新疆被感染了混淆了。冯牧文学奖初设，只评一位青年小说作家，便选中了红柯。朋友从北京给我打来电话报知此讯，我禁不住从家里到办公室一路上见人便报告喜讯，这确实太不容易了。

今年的鲁迅文学奖的各项奖更不容易。为了不断提升这个国家级大奖的档次和质量，中国作协听取各方意见，将七种文学体裁的奖数压缩到五部（篇），比首届几乎少了一半。单以中短篇小说为例，各省市和各行业作协每种各推荐三部（篇），就有一百七十余部（篇），而且是从近四年以来各报纸刊物上数以千万计的中短篇小说中挑选出来的，想想这五篇获奖的中篇和短篇小说要经过多少道粗筛细筛的筛选，要经过多少口味不同的评家评头论足的说道和挑剔！我因此而为叶广芩和红柯骄傲。因为确实太不容易了。因为我仍不能忘记我在他们这个年龄时的艺术追求和心理冲突的种种。

没有获奖的，未必都是成色差的。就我的记忆，近十年来陕西有几位作家的中篇和短篇曾名噪一时，至今仍被读者所乐道。随便举几篇，如高建群的《遥远的白房子》、爱琴海的《神秘的玄武岩》、王观胜的《纵马天山》、冯积岐的《我的农民父亲和母亲》、贾平凹的《黑氏》、张虹的《雷瓶儿》等。这些作品一经见刊，就引起较大反响，被各家选刊选载，被各种刊物评奖评中，或被收入本年度全国最佳小说选本。其中大多数发表于全国中短篇小说评奖停顿的近十年里，可谓生不逢时，错过了完全可能的评奖机运。然而作品的魅力至今仍被读者咀嚼着。

写到这里，我想起新时期开初几年，我在西安郊区文化馆时，归西安市文联领导。市文联为促进西安地区刚刚冒出的十余个青年作者的发展，成立了一个完全是业余、完全是民间的文学社团，叫作"群木"文学社，由贾平凹任社长，我任副社长。记得由贾平凹起草的"社旨"里，有一句话至今犹未忘记：互相拥挤，志在天空。在我体味，互相拥挤就是互相促进互相竞争，不是互相倾轧互相吐唾沫。道理再明白、再简单不过，任何企望发粗长壮的树木，其出路都在天空。中国当代文学的天空多大呀，陕西和西安当代文学的天空也够广阔的了，能容得下所有有才气、有志向的青年作家，要把眼光放开到天空去。天空是既能容纳杨树柳树吸收阳光造成自己的风景，也能容纳槐树椿树吸收阳光造成另一番完全不同的景致。二十年过去，"群木"文学社早已解体，我却记着这条"社旨"。

我从叶广芩和红柯的获奖和平素的行状里，也感知到了这个道理。

2001年9月15日于原下

重新解读《家》，一个时代的标志
——写在巴金百岁华诞

比较清楚地记得是在一九八五年，我在报纸和刊物的阅读中，觅获到一个关于小说创作的新鲜理论，叫作"文化心理结构"。我竟然一下子被这个学说折服了。

二十世纪八十年代中期，当是新时期以来文坛最活跃最富创造活力的一个时段，各种新鲜的新潮理论和种种前所未闻的主义的试验文本一浪迭过一浪，令人目不暇接。我之所以被"文化心理结构"说折服，完全是出于对自己创作状态的把握和反省。我那阵儿正兴趣十足地写作着中篇小说，正在探试着现实主义艺术方法的新的张力的种种可能性，不可避免地苦恼着如何达到现实主义高层境界所规定的两个"典型"，即"典型环境里的典型人物"。"文化心理结构"说正好在我不无苦恼的探求过程里，提供了塑造人物的一条新的途径，即从文化的角度去研究去解析你要创造的人物的心理结构形态，进而准确地把握人物的心理秩序，达到揭示人物心理真实的艺术效果，性格的典型性才会成为可能。

我十分自然地用这个学说解读中国新文学的经典读本。从实际写作的意义上说，阿Q成为一个空前绝后的典型，恰是鲁迅洞穿中国人的文化心理结构而创造成功的一种令人惊骇的典型标本。即如短篇小说《风波》里的七斤，被剪掉辫子后的惶然无着手足无措的行为，正是以辫子为表征的旧的观念和价值取向所形成的超稳定性心理结构形态被颠覆了。鲁迅敏锐地抓住了一个民族发展史上划开两个时代的那个剪辫子的细节，堪为历史性细节。

我自然又联想到《家》。读这部小说时我刚刚从少年进入青年，尽管距小说出版的时间已经久远，尽管已经是新中国建国超过十年了，尽管高家深宅的生活气氛与我亲历的农家小院的生活相去甚远，我不仅没有感觉到隔膜，反而为高家三兄弟的情感历程折磨得揪心伤痛。《家》里的人物和故事，便成为至今仍然鲜活的记忆。不单是那种年龄里特有的记忆功能，同期阅读过的许多小说早已淡忘了。从已成定论的艺术评价上说，巴金创造出了那个时代中国人的典型环境和典型人物，高家深宅里老少两代主仆之间所经历所遭遇的故事，无疑是活在那个时代的中国人的普遍性精神历程，自然会发生普遍而又深刻的社会呼应，以至几十年后的我在阅读时依然发生心理的直接冲击和完全切近的感受。

几十年后，我突然冒出重新解读《家》的探试性兴趣。书没有再读，记忆里的人物和情节的大致轮廓，正好作为新的透视和解析的疏朗框架。我看出了兄弟三人的性格差异，在于封建文化封建观念所形成的心理结构的差异上，在于各自心理结构的稳定性的差异上，在于接受新的知识新的观念对原有的心理结构的平衡所产生的颠覆性的差异上。以同样的视角和同样的途径，我可以抵达高老爷子的心理结构形态所遭遇到的撞击所发生的颠覆。封建文化所奠定的封建道德观价值观，被"五四"新文化所倡扬的新道德观价值观革除取代的冲撞发生时，原有的心理结构形态面临着平衡的被打破以至被颠覆。被颠覆过程中的痛苦是必然的，我们可以用解放用革命这些词汇来概括，也可以用心理结构的除旧布新来形象化表述，实质上都是完成一个心理剥离的过程。这个过程，也就是一个民族完成精神和心理的复兴复壮的过程。这样，从创作的职业角度上，我感知到巴金把握人物塑造人物的"秘笈"。当年有无"心理结构"说，并不重要，巴金早已用创作实践成功地完成了这个过程。鲁迅亦然。也许这种关于小说创造中的人物"心理结构"说，正是从巴金鲁迅等中外作家的杰出作品里归结出来的创作理论。这样，从文学的社会意义上说，《家》便成为二十世纪初处于新旧两个时代交替过程的一个标志性作品，且不论它对于那个时代的深层震撼，对那个时代的挑战和感召。从文学的视镜透视和研究中国人近百年来的精神心理历程时，任何人在任何时候都会再次掀开小说《家》来。这就是文学的不朽。

我在重新解读前辈们的这些作品时，还惊讶一个小的发现，鲁迅先生笔下的七斤剪辫子引发的惶惑无助，和巴老笔下的高家深宅大院父父子子所遭遇的痛苦和惶惑来自同一个渊源，即同一种文化同一种价值观道德观所织成的同一种心理结构形态。文化水准、职业、生存环境的差异是外在的，而心理结构的类同，决定着那个时代所有人进入心理剥离过程时的难以避免的痛苦。至今依然对我的写作具有启示，即不必把主要兴趣完全投入到诸如工人农民或其他什么身份的职业特性上，或不同地域的生活习俗上，而是关注作为人的心理形态，这才是最具沟通各种职业各个阶层乃至各个种族心灵的东西。

巴金已经走过整整一个世纪。《家》等作品早已获得不朽。巴金也同样获得不朽。他把自己的智慧专注地投入艺术创作，以及作为一个艺术家的精神人格，肯定成为同样继续着文学创造活动的我们的楷模和警示碑。

　　　　　　　　　　　　　　　2003年11月19日

我说关中人
——《灞桥区民间文学集成》序

编委会的同志把一部《灞桥区民间文学集成》的书稿端给我,使我十分惊讶。面对这一部规模宏大厚可盈尺的书稿,我当即想起我曾经说过关中人只会吼秦腔而不会唱民歌的话,直觉得对故乡有妄自菲薄的大不恭了。

读着书稿,油然唤起我童年诸多的记忆,美好而又亲切。我是灞桥辖区人,书稿里好多传说神话故事笑话民歌民谣童谣以及地子词儿,在我混沌未开时就听过和说过的,尤其是跳地子的情景,犹觉历历在目。

戏是演的秧歌是扭的地子却是跳的。跳地子,正月新年破五待客一过,村里跳地子的能手脚也痒痒手也痒痒喉咙更加痒痒了,从祠堂木楼上取下用竹竿苇秆木棍儿绑扎的马架驴架船骨架,用彩纸糊了用白布围了用巧妇剪下的花儿草儿图案装饰一新,就成了漂亮的道具。那些新老演员聚在融融的阳光下演练唱腔的台架。在祠堂外的官场上,吊起官油粗瓷的灯盏,锣鼓家伙把整个村子都震得颠颠蹦蹦沸沸扬扬。演员一跳进场子，男人女人便嘻嘻哈哈争相辨认其本来面目，他们用墨汁或是锅底黑涂抹加重了眉毛，用红色颜料或是用唾液浸湿了红纸染到脸腔上，用上好的细面涂抹鼻子，棉花粘在下巴上是最好的胡须，衣服全是借新媳妇们的红裙绿袄。女人们嘻嘻说："这是你阿公个老东西嘛！打扮成个妖婆子了！"男人们则肆无忌惮地嚷嚷："牵驴的是狗旦个狗日的嘛！"一出情趣横生的《小喜接妹》，一出引人捧腹的《秃娃尿床》和《脏婆娘》，一出慷慨悲壮的《祭灵》，一出令人肝肠寸断摄魂动魄的《断桥》，接连演下去跳下去。有时候几个村子联合跳地子互相比赛互相交流，有时候被邀到附近的村子去跳，热情的村子在跳完以后招待一顿臊子面，冷淡的村庄连一壶茶水也不给喝，演员们回家的路上就骂出一句双关的话："咱给狗日的白跳了。"

地子是我最早接受过的表演艺术。

我之所以妄言关中人只会吼秦腔而不会唱民歌，主要是有感于陕北的信天游和陕南的山歌。我很小就从课本上广播上领略过陕北民歌信天游的魅力，及至去了陕北接触到了一些未经艺术家加工改造的原生状态的民歌，首先惊异其直率和泼辣。尤其是无以数计的表现情爱的情歌，把男女间的痴情挚爱甚至相爱的形式都唱得赤裸裸的。我之后在陕南有幸听过一位来自民间的真正的民歌手未经驯化的嗓子的吟唱，虽然格调曲律与信天游相去甚远可谓南辕北辙，但就表现情爱的直率而言，也是情切切火辣辣赤裸裸无遮无掩。我于是很遗憾我的关中人只会吼而不会唱……

在白鹿原上学老腔艺人表演

关中有如此丰厚的民间文学的蕴藏，其中民歌民谣和情歌有许多传诵甚远的佳作，只是关中的情歌歌词含蓄腼腼腆腆羞羞答答，不似陕北陕南的情歌那么大胆那么坦率那么爱死爱活。那种十分普及的地子实际上已经算是一种初级的舞台表演艺术。许多地子节目是从正本秦腔里拆卸下来的精彩片断，只是语言唱词更加通俗易懂更加口语化，情节也经过删繁就简更加集中，唱腔则完全套用地子较为生动活泼的小曲小调而摆脱了秦腔严格的曲牌。地子作为一种简便易演的娱乐形式得以普遍流行，成为文化生活极度贫困的乡民们的一种精神滋润。形成灞桥民歌以及民间文学种种特质的因素可能很多，我主要想到的是生活在这块特殊方位上的乡民们的文化心理因素。

灞桥地区占有历史上咸宁县的大部疆域。咸宁早属古雍州地，名称屡易，曰芷阳曰灞陵曰南陵曰杜陵曰万年曰大兴。唐天宝年间始改为咸宁，辛亥革命后废咸宁而统归长安县。在汉唐时咸宁为京畿之地，其后一直作为关中第一邑直到封建制度彻底瓦解。作为京畿第一邑的咸宁，随着一个个封建王朝的兴盛走向自己的历史峰巅，自然也不可避免随着一个个王朝的垮台而跌进衰败的谷底；一次又一次王朝更迭，一次又一次老帝驾崩新帝登基，这块京畿之地有幸反复沐浴真龙天子们的徽光，也难免承受王朝末日的悲凉。难以数计的封建王朝的封建帝君们无论谁个贤明谁个残暴，却无一不是期图江山永铸万寿无疆，无一不是首当在他们宫墙周围造就一代又一代忠勇礼仪之民，所谓京门脸面。封建文化封建文明与皇族贵妃们的胭脂水洗脚水一起排泄到宫墙外的土地上，这块土地既接受文明也容纳污浊。缓慢的历史演进中，封建思想封建文化封建道德衍化成为乡约族规家法民俗，渗透到每一个乡社每一个村庄每一个家族，渗透进一代又一代平民的血液，形成这一方地域上的人的特有文化心理结构。在严过刑法繁似鬃毛的乡约族规家法的桎梏之下，岂容哪个敢于肆无忌惮地呼哥唤妹倾吐爱死爱活的情爱呢？即使有某个情种冒天下之大不韪而唱出一首赤裸裸的恋歌，不得流传便会被掐死；何况禁锢了的心灵，怕是极难产生那种如远山僻壤的赤裸裸的情歌的。

然而，灞桥地区广泛流传的民间文学仍然显示了丰厚的蕴藏。毕竟是平民的文学创造，其本性仍属于人民，这与陕北陕南以及各地的民间文学毫无二致。因为所禁太严所缚太紧而不能痛痛快快地作赤裸裸的表述，因而更见淳厚更见幽默更见机智更显深沉，更是我们探究关中人文化心理结构的一条途径。如此大量的传说故事歌儿曲儿的作者们无一留名，他们不是为了发表成名，更不是为了获得诺贝尔奖走向世界，充其量不过是为了发泄一点情绪倾吐一缕思恋，因而从本体上就铸就了这些作品的可贵的人民性，也是这些作品得以广泛流传民间历经沧桑而不泯灭的根本所在。

　　作为灞桥土著，我对本乡本土产生流传的民间文学虽未专门研究，却兴趣甚浓。我无疑接受过这些优秀作品有益的滋润，以至今天重温这些故事歌谣时，那种对于儿时记忆的印证所产生的亲切感是难以表述的。我因此非常感激和敬重编撰这部书稿的同志，以及一切参与组织这项抢救民间文学遗产工作的同志，做成了一件了不起的大好事。

1990年1月6日

解读一种人生姿态

一

在散文《做一个简单的人》中，邢小利说他的朋友给他取了一个绰号，叫"邢直白"。这个绰号主要概括的是他的说话特征。

我和小利在一个单位的院子里和一幢住宅楼上工作生活了近二十年，关系可以说不远不近，疏疏朗朗，为公事打交道自然免不了，为私事打交道也是常有的，却不大留意他的说话方式。听到"邢直白"这个绰号，我想了想，不禁惊讶它的传神。如果就性情而言，"直白"这个绰号还真的是准确而又形象的。邢小利说话，不拐弯抹角，不口是心非，不看脸色也不看顶戴级别，是什么便说什么，直截了当说出来，直到一句几句把事说明白了。这自然是他为人处世说话的方式和特征，几十年如此一贯下来，他的朋友抓住这个特征再奖给这个不错的绰号，他也乐于领受。

我读小利的散文随笔，同时惊异地发现，他的文章的共同特征，竟也可以用"直白"二字概括其风貌。生活现象、人生情态、文学话题、历史旧事和现实热门，在他笔下，没有花里胡哨云遮雾绕终不得要领的虚空，也不见无病呻吟拿腔捏调的矫情和伪饰，全是真有所感真有所得的言说。言说的方式是简捷明快，以至语言都很少有形容词的修饰，凸显出来的印象便是直白。过去零星读到小利的文章，似有这种印象，这回集中读一部散文随笔书稿，更有这种总体风貌和本色质地的明朗感受了。

无论在纷繁的尘世生活中说话，还是在喧嚣的文坛上书写文字，在当今能做到直白，颇为不易。直白，既是一种语言姿态，更是一种人生姿态。我的脑海里现在就浮出来那个戳穿皇帝其实什么衣服也没穿的孩子。这个孩子就是以一种直说的姿态面对皇帝的，直到把话说白了。

二

最能见出小利人生姿态的是散文《做一个简单的人》。"我说的简单的人意思是：为人处世，特别是与人交往，尽量化繁为简，而不要把事情复杂化，更不要耍心眼，与人钩心斗角。"可以看作是他的立身宣言。

文章总是感时应世而出的。时下的社会生活形态，似乎恰恰是复杂化。即把很简单的事和处理这些事的最直接最规范的途径废置，寻求某种曲里拐弯草蛇灰线暗箱操作的幽径，取得一个意料不及面目全非又是出奇制胜的结局，名曰生存智慧。生存智慧酿造生存技巧。官场擢升商场暴利乃至文坛出名，更显灵的就是此道了。敢于挑战这样的生活世相宣言做一个简单的人，必定是见多了也洞透了所谓生活智慧和生存技巧所演示的龌龊，而独守一分清静，继而发出做一个简单的人的宣言，独立成一种人生姿态。

　　小利引用一个曾经有过显赫声名的红卫兵头目的话："在政治上只有头脑而没有良心。"小利断定："简单的人肯定做不到这一点。简单的人是讲良心的。"这里就划开了一个最基本也是最严峻的人生界限，即良心。良心的界限毁弃了，黑可以说成白，丑可以说成美，指鹿为马也不觉得荒谬了。良心毁弃的唯一因素就是某种生存目的的实现。譬如说在某种非正常的环境下，譬如说在自身能力和条件尚不具备的情势中，而要达到权欲的名利的生存目的，就得玩弄生存智慧生存技巧了，就不能简单地把黑说成黑把白说成白把丑说成丑把美说成美把鹿说成鹿把皇帝说成什么衣服也没穿的光屁股。指鹿为马的中国历史典故，正好为安徒生的童话《皇帝的新衣》提供了生活的依据或注释，前者为生活真实，后者为艺术真实，相得益彰，鉴示中外古今。为什么会把这样简单的事象完全弄到面目全非复杂混账呢？任谁都不会怀疑洋的和土的两帮重臣文化高低造成了失误，都是为了生活得更好的目的而讲究了生存智慧生存技巧的必然结局，良心显然没有了。这样，我就意识到关于简单的人的真实内涵,并不简单;而要做到一个简单的人,更不简单。其中丰厚而又严峻的意蕴是,守护良心,守护心灵家园的纯净,坚守作为一个人的尊严。

在《知识分子:神话与现实》一文中,小利列述了几位古今中外关涉知识分子操守的比较典型的人际关系,论说的是作为知识分子的品格。品格的核心就是良心,或曰良知。"正是有了变节者才显出守节人的可贵。"变节者之所以会变,就得先把良心变了;守节者之所以守住了节,关键是守住了良心。变节者变的过程,就是运用生存智慧生存技巧大显神通的过程;变节者变的结果,起码暂时达到了或擢升或牟利或扬名的生存目的,自然就把事象包括变节者自己都变得复杂化了。守节者坚守的过程,就是守护良心也守护作为一个人的尊严的过程;守节者坚守的结果,却可能被冷落被穿小鞋被戴"帽子"乃至囚禁杀头。

这篇论说知识分子的随笔,可以当作关于"简单的人"这个概念的理性阐释。

在流行生存智慧生存技巧的生活流里,直言不讳标出自己的人生姿态,作为一个当代作家,就标示出清晰而又简明的人生坐标,一种凛然的清醒和自尊。

三

在散文随笔集《种豆南山》的阅读中,我的欣赏兴趣和既得启示后的兴奋点渐渐集中到一点：索解一种境界、一种情怀、一种人格、一种思想和这种思想发出的一种声音。正是这些形成作家邢小利独秉的人生姿态。

人的一生依着年龄划分出几个大的年轮区段。其中的三十、四十、五十岁当是最重要的三个区段。即使最寻常的男女，也会在这些重要关隘上发生自己的人生体验，敏感的作家就不用说了。小利在《四十感怀》里，整个是一派透亮的境界。这篇文章十分动人。作家奔到四十岁时关于世界关于生活关于事业，尤其是关于自己本身的理解和体验，进入一种哲理的睿智境界。因为真实，因为真诚，因为坦率式的直白，读来令我感动。我也读过一些包括政要在内的许多公众名人的此类述怀文章，参差不齐，无可厚非。但有一个基本的尺码就是真诚。如果一个人到了需要郑重宣示重要年龄区段上的感怀时，还说假话，还矫揉造作，我还能指望他什么时候真诚与人相对呢！小利的《四十感怀》，不单是真诚，难得的是使自己的生命提升到一个新的高度新的境界：

> 到了四十，只有两个感受：一是思想上顽固了，排斥的东西多了；二是心淡了，很多事也看淡了。当然看淡之后，对有些东西却更看重了。许多过去看轻的今天却觉得无比重要，许多过去看重的今天看来却不值一提。

我读到这里便久久徘徊在这段文字之中。我并不急于探究文字里面"顽固"着什么"看重"着什么"不值一提"的又是什么。我确凿感知到在四十岁这个最重要的年轮到来时,小利完成了一次意义非凡的生命价值的择向,完成了一次从心理到精神的剥离,进入一种全新的人生境界了。进入这个境界的作家,才敢提出做一个简单的人,才敢说良心,才敢审视知识分子的变节和守节,才敢鉴示历史的、现代的和正在运动着的现实生活中的知识分子灵魂操守上的种种。

在这样的人生境界里所展示的人生情怀,既是清丽沉静的,又是美丽动人的。清丽的情怀决定着作家生命的敏感和敏锐,对纷繁的生活事象,对气象万千的大自然,都会发生独有的体验,然后展示给读者一篇美好的文章。我很惊异小利在乡间读书的感觉。"在乡间读古人的著作觉得特别相宜,心能静下去,而读西人的书和今人的书,总觉得与情境更与心境不那么相宜,看不进去。"可以想象,在鸡鸣牛哞声中,在左邻右舍从墙头上弥漫过来的柴烟里,在深夜无边无际的静谧里,一位年富力强的青年作家在阅读中国古典的情景,浮躁和喧哗无染,自然使我想到"拥书自雄"的喻说。

在《乡居致友人》散文中,有一节关于雨的描绘——

> 夜里听风雨声,那真是很美的。若是柔风细雨,那就像是一个害羞的小女子欲来不来的样子,偷偷地藏在门外,躲躲闪闪的,招招手忽儿来了,迎上去忽儿又走了。若是大风大雨,那就像是旷野里万马奔腾,真有排山倒海之势。此

时披衣坐起,静听万马奔腾之声,心中忽地生出一腔豪迈之情,思绪飘得很远……

这是我读过的文学作品中关于夜雨描写的最动人的篇章之一。这样的文字读过是不会轻易忘记的,可堪反复品味的。这样的文字是经过乡村细雨的滋润和滂沱大雨的拍击之后发出的心灵的颤音,属生命与自然交融的独特体验,只有纯净清丽的情怀才能敏感发生,不是凭想象凭文字功夫所能得到的。

在作家总体的人生姿态里,境界、情怀、人格三者是怎样一种相辅相成又互相制约的关系,是一个很值得研究的话题。是情怀、境界奠基着作家的人格,还是人格决定着情怀和境界,恐怕很难条分缕析纲目排列。我在小利的书稿阅读中,看见了一种境界、一种情怀,更透见一种令人肃然的人格精神。"在强权面前,有人被打折了腰,有人被按着跪倒,有人战抖着趴在地上,却也有这些节操高尚、宁死不屈的文化人,正是他们挺起了知识分子的脊梁,维护了知识分子的信念与价值。"作者所列举的这些形形色色的事象,任何一个知识分子甚至普通人都不会陌生,在诸如封建专制异国侵略以及极"左"的政治这些强权面前,知识分子的种种表现,无论怎样五花八门形形色色,核心就是投降与否。而决定投降与坚守的关键便是前文已涉及的良心。

作为人的生理上的骨质的软硬,小有差异,而决定知识分子骨质软硬的东西说到底是良心。小利论述这个作为知识分子安身立命的大课题的时候,就凸显出自己的价值取向,一种披阅古今剖皮见核的追问,自我人生选择的坐标就标示出来了。

如果说对已经沉寂的历史人物品格的坚守与投降的辨析,可以看出小利冷峻的犀利,那么,对当代知识分子人格操守的剖析,就复杂得多也费力得多。我读他评论长篇小说《沧浪之水》的长文时,已在此之前强烈地感受到这个问题,即当代知识分子的投降与操守。优秀的小说提供了一个可以让评论家说话的文本,但作为评论家出场的邢小利的理性的透彻,同样显示出自己在当代生活中的人格形态。

人格对于作家是至关重大的。人格限定着境界和情怀。保持着心灵绿地的蓬蓬生机,保持着对纷繁生活世相敏锐的透视和审美,包括对大自然的景象即如乡间的一场雨水都会发出敏感和奇思。设想一个既想写作又要投机权力和物欲的作家,如若一次投机得手,似乎可以窃自得意,然而致命的损失同时也就发生了,必然是良心的毁丧,必然是人格的萎缩和软弱,必然是对历史和现实生活的感受的迟钝和乏力,必然是心灵绿地的污秽而失去敏感。许多天才也只能徒唤奈何。邢小利的随笔中多处涉及知识分子的品格和人格,可能是他鉴于古今的太多的教训,对当代人的一个切中主脉又正在被忽视的提醒。

人格对作家的特殊意义,还在于关涉作家思想的形成和发展。尽管米兰·昆德拉引用过"人类一思考,上帝就发笑"的欧洲民间谚语,然而我理解的昆德拉,正是人类一位深刻超人的思考者。关于人类合理生存的思想,几乎贯穿在他的所有小说创作之中，甚至某些地方露出艺术形式载不动深重的思想的纰漏。作家必是思想家，这是不需辩证的常理。尤其是创作发展到一定程度的作家，在实现新的突破完成新的创造时，促成或制约的诸多因素中最重要的一点便是思想的穿透力。这个话题近年间已被文坛重新发现，重新论说。现在我要说的只是思想和人格的关系。

作家穿透生活迷雾和历史烟云的思想力量的形成，有学识有生活体验有资料的掌握，然而还有一个无形的又是首要的因素，就是人格。强大的人格是作家独立思想形成的最具影响力的杠杆。这几乎也是不需辩证的一个常规性的话题。不可能指望一个丧失良心人格卑下投机政治的人，会对生活进行深沉的独立性的思考。自然不可能有独自的发现和独到的生命体验了，学识、素材乃至天赋的聪明都凑不上劲来，浪费了。

小利的文学评论、散文和随笔，除了学识，除了艺术眼光这些大家都可以得到的优长之外，便是思想的力度。上述关于知识分子精神操守的话题，如果从作家创作发展的个人角度说，都是至关重大的关键所在。我正是在这一点上感知到一个外温而内刚的邢小利，一个熟识而又陌生的令人钦佩的年轻作家。

四

小利与说话相似的直白的文字，很耐得咀嚼，很富于魅力。

平静地叙说，尤其是随笔，摆列事实和史实，描人状物，简捷明快，娓娓道来，不冰不火，没有激烈极端的措辞，客观而准确的言说，温厚平实，幽默内蕴，更具思辨的力度。这在表面上看来是文字风格，却更多地见着作家的性格。民间有谚，有理不在声高。是否有理，凭高喉咙大嗓门是无济于事的。由此可以说，这种文字更表现着作家邢小利的自信。即如《"自由职业身"的前提》《我当县令》这样与具体对象辩论或曰商榷的文字，不管对方曾经使用了多么激烈的话语，小利仍然用自己说话（文字）的方式，正题正说，不隐不伏，不搅不缠，不哗不唬，而是坦坦荡荡，事与理俱存，给人一种透彻、一种清爽、一种阅读的舒服。我这样说，难免会造成缺少思想锋芒的错觉。其实，邢小利在历史和现实的某些话题的辩证中，内质是锋利见骨的，偶尔也会在文字里进出诸如"下流无耻""勾当"一类贬斥变节投靠出卖灵魂的行为的词汇，更见血性。

小利的文字，似乎透见学者的气象。学者当然有各路学者，就文字形态而言，更显现着中国古典文化和语言的质地。我约略感知，小利读过许多古典，尤其是古典杂说一类，他的文字和论说的方式，就有了现代的白话文的一种颇为独到的语言姿态，又避免了某些食古而不能消化者的半文半白的蹩脚现象。

语言说到底是思想的载体。语言蕴藏着作家的思想，其分量最终定砣在这里。通过语言，感受到作家的体验、作家的情怀、作家的境界、作家的人格。小利的这种可以用直白概括的语言风貌，恰切而鲜明地展示着他的思想、人格、情怀、境界所形成的体验，独立不群的人生姿态。直白不是浅露。我联想到鲁迅"我的后院里有两棵树，一棵是枣树，另一棵也是枣树"的句子，顶直白了，然而内蕴的丰厚和深沉，怎么也咀嚼不尽。我在小利的语言里，隐隐感受的就是这样令人咂品久久的韵味。

白鹿书院两位山长，陈忠实与邢小利（左）

五

去年春节刚过，我回到冷落多年的乡村老家，一个人住在白鹿原北坡下的小院里，头一个黎明到来时，我听见了几乎隔世的斑鸠的叫声，从窗玻璃上看到后屋屋脊上两只灰褐色的斑鸠，眼睛瞬间模糊了。之后某日晚上，我坐在火炉前读书，接到小利的电话，与我说一件什么事已经无记了。他告诉我他住在城南长安乡村的屋子里，我随口便说，君在城之南，我在城之东。说着时颇多一重异样的心理感觉，总之是与居住在城里的人那些通话截然不同了。他与我之间横亘着白鹿和少陵两道原，还有两条小河，似乎有某种地脉的牵连。许多年在一个机关院子里工作，在一幢住宅楼的同一个门洞里憩栖、出入，似乎都没有这个电话给我那种异样的心理感受。我因此而明朗了一点，居地的地理气象会影响人的心理秩序的，进而也影响人与人的感觉的。

在我印象里，小利在生活中是很善于与人相处的，总是一种不急不躁喜眉笑眼的温润的样子，我很钦佩他那样年龄的人能有如此好的修养。也因为年龄距离较大，多年来属于关系疏朗而缺乏亲近的那种。后来外出同行有一次夜谈，他很坦率地对我说，他有时候脾气是很大的，我一时无法相信。他举出例子来，我在领受他内刚的同时，更感动于他的坦诚。然而总体印象依然是涵养和温厚。随笔中写到一位有负于他的朋友躲避与他碰面，偶然撞见时他依旧宽容，读来令我感动，也印证了我的印象。

今年夏天，王旭烽从杭州打电话来说事，提到邢小利为她写序的事，很兴奋也很感动。她说，人民文学出版社要出她的中短篇专集，按套书体例要有序。她的朋友向她推荐邢小利，她没听说过这个名字。一万多字的序寄给她读后，便有了给我打电话时的溢于声音的激动，说这是一篇对她的作品分析得最准确的文章。随之又对我说，这样有学问的评论家为什么她竟不知道呢。我便开玩笑说，他还没学会炒卖自己。

邢小利写中短篇小说，写散文随笔，更见功夫的是文学评论，已出版多部专著。王旭烽的惊讶在我觉得毫不奇怪，正好例证着我上述文字对他做人做文的印象。

我写着有关邢小利的文字的时候，窗外是细雨滴滴，檐水跌落之声温柔而富于诗意。我在解读一部书稿，也在解读一个比我年轻许多的青年作家的心灵秩序，自己竟然很感动。我住在城东的原下依旧。邢小利还在城南长安的乡村和我一同聆听乡村秋雨檐水的跌落之声吗？我便祝福，天行健，君子当自强不息。

2002年10月19日于原下雨中

心灵独白

这应该是我的第四本散文集。

第一本散文集是《生命之雨》，陕西教育出版社一九九六年夏天出版。编辑王喆是我的小乡党，正在中学念书时，曾到我所供职的灞桥区文化馆找过我，记得是一帮喜好文学的中学生，叽叽喳喳地问个没完没了。多年以后她以一个出版社编辑的姿态寻访我的时候，我没有想到这就是那一帮喜好文学的中学生中的一位。腼腼腆腆地向我说明来意，希望能经她的手为我出一本书。我不好意思把过去已经出过书的小说再重新组合出版，尤其是面对这个小乡党腼腼腆腆纯洁真诚的眼睛。我便向她提出出散文集的申求。

关于散文，也是我很喜欢的一种文体。我的处女作发表的首先是散文，那是"文化大革命"前一年多时间的事，而第一个短篇小说的写作和发表却是八年以后的事了。新时期文艺复兴以来，我以小说写作为主，其间也抽空写一些散文。八十年代中期以前，我在乡村基层工作岗位上，散文选材多是面对急骤变化的生活而抒发一点感触，或者记取一点人与事的变迁，形式不自觉地就类似特写的形式。八十年代中期以后的散文，且不说它像不像散文，却是脱离了特写的模式。还有几篇篇幅较长的报告文学，尽管有的篇章曾获过国家大奖，但在中国文学关于散文意义限定很窄的大环境下，把这些东西结集出版，我自己首先不大自信，主要是担心书的发行数量。这类书读者会感兴趣吗？让出版社赔钱出书，我就有了诸多的心理障碍。出版社属于企业性质，不仅要上缴利税，而且要给职工发工资奖金，要造住宅楼，要买汽车，等等。尤其是让小王乡党约我出版的第一本书就赔钱，想来真是既不好说出口更不好拿出手。既然已经说出口了，便把如上的诸多不自信的障碍因素都和盘托出。小王似乎比我自信，说她的出版社老总根本不凭这类书赚钱，赚钱的书有别的渠道，出这类书纯粹是对文学事业尽一点心意，据说他们老总陈绪万本身就是一位文人、作家。

这样，我便编成了第一本散文集《生命之雨》。我最关心的仍然是征订数量，得知有六千余册，我才暂告安慰，这个数字的印行量起码可以不赔钱。不赚不赔，我也就可以不再有亏欠别人的块垒了。

第二本散文集《告别白鸽》，是湖南文艺出版社出的。我在《生命之雨》中严格挑选，把只属于散文规范的篇章挑拣出来，把那些特写和报告文学悉数舍弃，再编入后来未曾入选过的新写的一些散文，虽然字数不多，书本也不够厚，也不能动摇我的入选准则。这本散文设计淡雅精当，拿起来便有点不忍释手，且不顾"敝帚自珍"的客套。每有朋友索要书时，自我推荐的便是这本《告别白鸽》；自己想给新朋老友送点礼物时，仍然想到的还是这一本散文集。

还有一本《走出白鹿原》的散文集，是陕西旅游出版社编辑出版，集中收编了我几次走出国门的见闻和感慨，且不细述。

华夏出版社出的这本散文集，当是第四本。编辑要求八万字，我便在原有的散文文本里面再度挑选，又加入几篇新写的短文。这几本散文集出版的过程，我不自觉地都经历了一次又一次的挑选和舍弃的过程，便有了一点感受。这感受属于一种自生的反省心理，还是不能写得太多，更不能见什么写什么，尤其是感受平平甚至感受无聊的时候更不能写。

散文是什么？这个话题至今还在探讨着、争论着，虽然仍无一个大家都能信服的条律或定义，然而每个写着散文的人，心里都有自己关于散文的理解，都在创造着自己的散文的形态，都在培育着自鸣得意的散文的百草园，似乎任何人在写任何一篇散文时都很难想起关于散文的定义来。

就我自己而言，散文就是一种心灵的独白，心灵对于现实对于历史的一种感悟，需要抒发，需要强辩，需要呜咽，有时候也需要无言的抽泣。感天感地感时感世感人感物，总而言之在于一个感，有感触有感想有感慨有感悟而需要独白，需要交流，需要……于是就想写散文了。至于散文不应该写什么，或者说读者最讨厌过去的什么样的散文和时下的什么样的散文,且不赘言,让生活和文学那个无形的又是铁硬的法则去作用为好。

  我喜欢散文,自然既指阅读,也指写作;我企盼读到别人的精美的散文,也努力地去创造自己的起码不要让读者骂声"扯淡"的货色。

(本文为《陈忠实散文精选》序)

1998年8月17日

心灵剥离

这本书里选入的五部中篇小说，都是《白鹿原》之前的八十年代的作品。这次在编选和校正的过程中，我又一次重新阅读了一遍，竟然有着翻看中青年时期自己的照片的感觉。这就是八十年代的我的小说创作的形态，昨天的我对生活对艺术的体验、感受和表述的形态，自然也最清楚地显示着我的心理形态。

这里所说的昨天，仅指令人感慨万端回味无穷的八十年代。

八十年代中国的政治和经济以及中国的文学，从僵死的教条的禁锢里解放出来，经历过一次又一次痛苦而又雄壮的剥离，除却的是陈腐的"本本"所造成的积久的沉疴，获得的是新鲜的充满活力的血液的涌流。

我五十年代读书，六十年代进入社会，解放以后发生的所有大小"运动"，有的是作为未成年人的观望，有的是作为刚刚步入社会的青年人的亲身经历，尤其是十年"文化大革命"的发动和结束。及至八十年代起始的一波接着一波的思想解放和一层深过一层的社会经济的改革,中国文学所经历的种种嬗变,依然历历在目。八十年代发生的一切,对于这个国家和民族来说太重要了,太不容易了,太了不起了。对于经历过这一变革全过程的我来说,也是一次又一次从血肉到精神再到心理的剥离过程。这个时期的我的中短篇小说,大都是我一次又一次完成剥离的体验,今天读来,仍然可以回味当时的剥离过程中的痛苦和欢欣。

经历一次精神到心灵的剥离,似乎对生活(或历史)便有一个新的层面的体验,对于艺术世界的体验也会产生新的创造欲望。我在八十年代的中短篇写作经历过程,便留下这样的总体印记。因之常常自我警示,自我感觉不能太良好,起码不能使自己较长时间都沉浸在一种良好的自我感觉里,那样就可能造成一种自我封闭,就可能停止精神和心灵的剥离,自己也就很难进入深层的新鲜的生活和艺术的体验了,

晚年,在家乡灞河畔

无可奈何地当会陷入不断地重复自己的困窘状态。对于一个作家来说,这种状态比任何捧杀和棒杀更具伤害性。

我们已经进入本世纪的最后一个年轮,举步即将跨入一个新的世纪的彼岸。回首昨天,对我来说,感触和体验最深刻的还是八十年代。八十年代的精神和心理的演变,是人生的启示录,是财富,也是警示牌。国家和民族还在继续着剥离,充满生机地进入二十一世纪。中国文学总体也进行着剥离,从非文学进入文学。我也在努力促进自己完成新的剥离,达到新的从未有过的体验。老与不老,不完全在乎年龄,而在于兹。

(本文为《康家小院》后记)

1999年元月8日于丈八沟

编选后记

这是陈忠实散文的一部精选集。选编主要着眼于两个方面：一是陈忠实回忆他人生之路的，那些重要的甚至是关键的节点；二是陈忠实述其创作生涯的，他如何一步步从一个农村的业余作者成长为一个作家，他关于生命体验、关于艺术的思考和感悟。整体分为"岁月　生命""生活　写作""文学　思考"三辑。语言文字以人民文学出版社2016年出版的十卷本《陈忠实文集》为参照，尽量保持作品的原汁原味，个别明显错误酌改。

总体来看，陈忠实是一位小说家。因此，从文学成就来说，他的散文成就总体上比不上他的小说——以《白鹿原》为代表。

但是，陈忠实也写了大量的散文、随笔，以及带有随笔特点的所谓"言论"——陈忠实把带有论说性质的文章称为"言论"，比如评论、序言、对话等。他的散文虽然在文学成就上未能达到小说《白鹿原》那样的艺术高度，但很多散文和随笔还是很有特色的，有其独特的认识价值和艺术价值。

陈忠实是以写散文走上文坛的，他的处女作就是一篇散文，但他后来在文学上主要用力的是小说，直到五十岁写出《白鹿原》之后，他才在一种较为从容的心态中，开始写起了散文、随笔，直至离世。小说反而不大写了，甚至到后来干脆不写了。

五十岁以后，经历了半个世纪的人生历练，经历了长达六年的《白鹿原》的创作，陈忠实思想和艺术都成熟了。而且，有《白鹿原》垫底，他的心态从容了。从容的心态，是写好散文的必要前提。

可以说，陈忠实最好的散文，都是他五十岁以后写的。

陈忠实认为散文是"心灵独白"。他说："就我自己而言，散文就是一种心灵的独白，心灵对于现实对于历史的一种感悟，需要抒发，需要强辩，需要呜咽，有时候也需要无言的抽泣。感天感地感时感世感人感物，总而言之在于一个感，有感触有感想有感慨有感悟而需要独白，需要交流，需要……于是就想写散文了。"（陈忠实：《心灵独白》，《陈忠实文集》第6卷，人民文学出版社，2016年版，第281页）

陈忠实是一位有生活的作家，他的人生与现实、与时代密切相关，因此，他的生命感受和心灵独白就有了广阔的生活和时代内涵。他的心灵独白，既是他心灵深处那一根最柔软的心弦的颤动，也是他生命深处的那一根痛感神经的呻吟。

陈忠实还认为，生命体验对一个作家的创作极为重要，

"我在生活、阅读和创作过程中，意识到生命体验对一个作家的创作极为重要。在昆德拉热遍中国文坛的时候，我读了米兰·昆德拉译成中文的全部作品。我把昆德拉的《玩笑》和《生命中不能承受之轻》对照阅读，发现这两部作品在题旨上有相近之处，然而作为小说写作，却呈现出截然不同的艺术气象。我从写作角度探寻其中奥秘，认为前者属于生活体验，后者已经进入生命体验的层面了。从生活体验进入到生命体验，对作家来说，如同生命形态蚕茧里的'蚕蛹'羽化成'飞蛾'，其中最为关键的是心灵和思想的自由，有了心灵和思想的自由，'蚕蛹'才能羽化成'飞蛾'。'生活体验'更多地指一种主体的外在的生活经验，'生命体验'则指生命内在的心理体验、情感体验以及思想升华。"（陈忠实：《从生活体验到生命体验》，《南方文坛》2017年第5期）陈忠实关于生命体验、关于艺术的思考和感悟，来自他"踏过泥泞五十秋"之后的心灵和思想的自由，这些经验之谈，是他超越外在的生活体验之上的内在的独特的生命体验，饱含其"生命内在的心理体验、情感体验以及思想升华"。

这本书中所选的，可以说，既是陈忠实的"心灵独白"，也是他的"生命体验"。

邢小利
2021年3月

图书在版编目(CIP)数据

　　陈忠实：我的心灵独白／陈忠实著；邢小利编. —— 北京：华文出版社，2021.4

　　ISBN 978-7-5075-5453-3

　　Ⅰ．①陈… Ⅱ．①陈… ②邢… Ⅲ．①散文集－中国－当代 Ⅳ．①I267

中国版本图书馆CIP数据核字(2021)第056062号

陈忠实：我的心灵独白

著　　　者	：陈忠实
编　　　者	：邢小利
责任编辑	：张明华
出版发行	：华文出版社
地　　　址	：北京市西城区广外大街 305 号 8 区 2 号楼
邮政编码	：100055
网　　　址	：http://www.hwcbs.com.cn
电　　　话	：总 编 室 010-58336239　　发 行 部 010-58336267
	责任编辑 010-63421256
经　　　销	：新华书店
印　　　刷	：三河市燕春印务有限公司
开　　　本	：880×1230　1/32
印　　　张	：8.375
字　　　数	：170 千字
版　　　次	：2021 年 4 月第 1 版
印　　　次	：2021 年 4 月第 1 次印刷
标准书号	：ISBN 978-7-5075-5453-3
定　　　价	：52.00 元

本书若有印装质量问题，请与发行部联系调换